U0021656

雖然生活不好過，但我過得很好

文長長／著

允許最糟糕的情況發生，允許生活充滿麻煩，
允許你所愛之人不愛你，允許生命消亡、感情消失，
允許本來會發生的事情發生。

而後腳踏實地地生活，不焦慮，
接受充滿可能性與變化的生活的同時，
也要允許自己時刻擁有生活的主動權。

不要因為自己活成了世俗的大人而討厭自己，
我們每個人都有忍氣吞聲的一面，
只是有些人的隱忍被你看到了，
有些人的隱忍則在你看不到的故事Ｂ面。

也許我們都曾討厭過自己，
而我們才是最清楚自己為什麼會這樣的人，
也是這個世界上最不該討厭自己的人。

雖然偶爾生活不那麼可愛，
但我願意永遠可愛，永遠美好，永遠取悅自己，
也願意總是多一份期待地熱愛生活。
這是我想要好好生活的誠意。
去愛它，慢慢它也會愛你的。

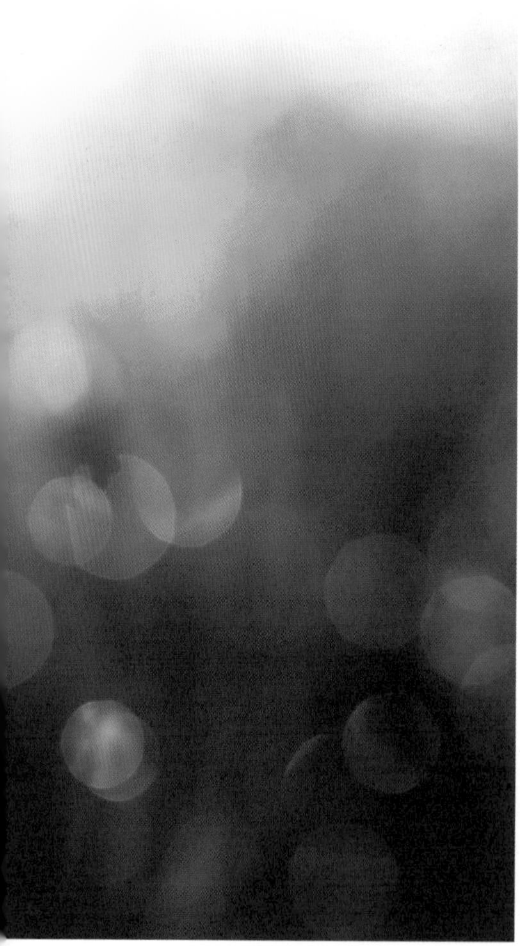

不論外界環境如何，
依舊維持自己已有的生活秩序，
依舊吃得健康、保持運動，
將「我們努力想做的事」內化成
日常生活的一部分。

要慶祝，也要努力；
要放鬆，但也要護住野心勃勃的心氣。

所謂對的事，
就是那些能幫我們搞定自己的情緒，
能讓自己更有底氣、更平和地
面對當下和未來變數的事。

「自癒」最重要的不是「癒」，而是「自」。
這種「自」是我們自主地去想辦法做點什麼，
去讓當下的自己舒服一點。
是自發的，是自願的，
沒有任何人逼我們做這件事，
我們自己也沒逼自己。

允許自己脆弱，
允許自己的情緒波動，
允許自己偶爾懈怠，
允許自己的身體裡控制悲傷的
那個閥門偶爾失控。

接受那個不是我們想要的那般堅強的自己，
不要否定她，去聽聽她的聲音，告訴她：
沒關係，我明白在這些時刻，你感到受挫，
你很委屈，你也很難過，我都懂。

我們原本是可以很堅強、很撐得住的，
但常常會被他人的一句心疼搞得突然難過起來。
當我們在很辛苦地堅持做某件事時，
我們不怕辛苦，而是怕別人覺得我們很辛苦。

在「示弱」這門課裡，
我們需要學的不是「怎麼去做」，
而是相信在那個對的人面前，
我們的每次真誠袒露都不會遭到懷疑和否定。

前言——

自己的玫瑰，自己種

寫這本書時，我日常最多的情緒是不安與焦慮。這份焦慮不是來自寫作本身，而是來自生活，來自工作，來自感情，來自女性身分。對於一個把堅強、勇敢、美好掛在嘴邊的女性寫作者來說，公開承認自己對生活、對工作、對婚姻的焦慮，真的很難，稍有不慎就會被旁人說知行不一。

這些我都知道。

但我必須對自己坦誠，在過去的一年多時間裡，我的內心的確有過很多不安與焦慮的時刻。

怕做不好老闆交代的工作被罵，被否定，甚至被刁難；怕不努力，找不到旁人眼中所謂的好工作，從此過不好人生；沒對象時，怕有一天身邊的人都結婚了，只剩自己孤獨終老；有對象後，怕經營不好感情，怕這份感情不夠堅定，經不起變化，怕未知的變數；怕有一天醒來，體重計上的數字變得很嚇人，如今每天醒來最開始的心情是由體重計上的數字決定的；怕變醜，變老，變糟糕，變成自己很討厭的模樣。

女性的焦慮，從來沒停止過。

不記得具體是從哪天開始，那些我在二十來歲時看不懂的女性課題，都看懂了。

二十出頭時不曾有的焦慮，如今也有了。

我不是那種允許自己長期沉溺於某種情緒的人，儘管不安，但我從未放棄努力想辦法安撫好負面情緒。

不希望自己過得太喪氣，每天睜眼醒來，都會主動跟自己說一句「今天的我很開心」，或是「今天會是很美好的一天」；不喜歡在感情裡的那份不安感，那便用快樂感、成就感、滿意感、幸福感，以及對未來的可控感去扭轉那份不安。去運動，在運動中察覺到自己的力量。持續學習，持續進步，反覆且有耐心地告訴自己：「否定自己，你值得被愛，值得幸福；也別怕失去，你沒有因為受寵愛而自廢武功。」

害怕搞砸人生，那便努力認真地過好自己可控制的這部分人生。

為了內心的這份踏實與自得，我做了很多努力。但是後來我發現，所謂的更優秀、更美好、賺錢更多、身材更好、學歷更高，沒辦法從根本上緩解女性內心深處的不安感。

不論多麼優秀，面對生活，面對感情，面對工作，女性或多或少都會有些許不安感。

也曾懷疑過自己，是否我的性格體質比較另類，對苦難的感覺比較敏銳，所以時常感受到這種不安。

有一次跟比較信任的朋友聊天，說起這份不安感。我說，儘管我目前的人生蠻好的，是朝著別人眼中的美好未來奔去，但說實話，我對生活、對感情、對未來都很沒安全感，總感覺稍微不努力，人生就會失控。我總在懷疑是不是我的內心缺了點什麼。

朋友回了我很長一段話，她說：「其實很多人都會有這種不安感，現代獨立女性不是很多都這樣嗎？有時覺得女性獨立背後的深層原因是女性強大的不安感。有多少家庭真的會因為女性不賺錢、當家庭主婦就過不下去？但是大家還是拚了命要賺錢，要讓自己變得更好，這真的只是因為『愛吃苦』嗎？」

除了教育讓女性堅信人生應該實現自己的價值，「你要靠自己」的心理暗示也在潛移默化中催化了不安全感。

接著，朋友對我講了她媽媽的故事。

她覺得她媽媽其實生活得很不幸福，即便只需要在家帶孩子、做家事也過得很辛苦，而且在家裡很沒分量，沒有話語權。那份對生活的話語權都在賺錢更多、承擔更多家庭責任的父親身上。即便父母還算恩愛，但很多時候，能明顯感受到母親的委屈。那是一輩子的委屈。

所以，從小到大，她媽媽一直教育她要自強，要獨立，要努力，要能自己賺錢，不要過掌心朝上的生活。

我說，我媽媽也是如此。即便我父親很好，但這麼多年，我也見證了她很多憋屈的時刻。

從我記事起，我媽媽就一直跟我說：「以後不要想著靠任何人，一定要自己賺錢，一定要經濟獨立。」那時年紀小，處於女兒這個身分階段，看著美好的家庭，總覺得父母都過得很好，以為我媽媽這般說只是希望我成為一個經濟獨立的女性。

如今站在媽媽的視角，再回看這一切，才明白當年的媽媽肯定不安過，委屈過，有著很多很多的委屈時刻。

她對我說的那句「女孩要獨立」，
是不希望身為女性的我長大後也要忍受這份委屈。

傳統女性的婚姻大多如此，看似平淡，但也藏著很多很多委屈。

朋友說，說到底我們都是那種沒辦法把自己的命運交給別人的人，所以我們會不安，會害怕因為自己不努力而搞砸生活、搞砸工作、搞砸未來，會害怕失去掌控自己的人生的主動權。這都是正常的情緒。

因為那份不安感而感到辛苦嗎？

有什麼好辛苦的。我們的話語權只能靠自己努力工作、努力賺錢得到，不是嗎？

辛苦也好，壓力大也罷，我們所做的一切都是為了自己。

如此一想，當下的處境也沒那麼糟糕，那看似充滿不確定性的未來，好似也沒那麼讓人不安了。

這不是誇大女性獨立的好處，也並非說男性不好。每個人都有自身要面對的人生課題，女性有女性的使命，男性也有男性的壓力。

凡人都辛苦，別太委屈，也別抱怨。說到底，無論男性，還是女性，我們努力都只是在為自己的人生負責。

自己的人生自己選，自己努力，自己承擔後果，就夠了。

在和朋友聊天的最後，她傳了一張電視劇的截圖給我，上面寫著：用力哭，不如用力跑。

以前的我肯定會覺得這句話太像雞湯，然而在人生長河中來回蹚過幾回，再回頭看這一切，只覺得這句簡單「粗暴」的話說的就是人生。生活本來就是一段不斷為自己熬雞湯，再灌自己喝下去的旅程。

人生再難走，還是要走下去；「雞湯」再被人瞧不起，關鍵時候它也最能療癒你。

這一次，我的選擇依舊是：自己的玫瑰，自己種；自己的浪漫人生，自己給。不要害怕不確定，也別焦慮未來。我相信，一切比我們所期待的，還要好一點點。

嗯，一定會的。

目錄

Part 3

讓我看到你偶爾很脆弱的樣子

Part 1

生活偶爾可惡，但我永遠可愛

因為心有所愛，心有渴望，
所以任生活煩惱，我始終願意再努力一點，再加把勁。
只要快點把這部分煩惱人生過完，
我就可以去過我的快樂生活了。

內心可愛之人，很容易被生活的可愛瞬間療癒。

生活偶爾可惡，但我永遠可愛

幾日前，我一直在為一件未決之事擔憂，太在意「未做好會被批評」，以至於在成果展示前逼著自己反覆修改，生怕此刻的不盡力會帶來不好的結果。

我跟朋友開玩笑說：「在成果展示結果出來前，我肯定不會快樂了。」

朋友只簡單回覆道：「他上次已經給過你最差的分數，這次依舊是他評分，你最壞的結果也不過是再拿一個低分。你已經有了一個最差的分數，還怕再多一個嗎？何須為這件事過分影響原本的生活節奏？」

我原本很焦慮，但在聽完朋友

那些擅長把生活過得美好的人，
擁有最多的不是經營生活的實操技能，
而是好好生活下去的美好心態。
內心可愛之人，
很容易被生活的可愛瞬間療癒。

這段「反向安慰」後，我那顆懸而不敢放下的心得以放下了。何須因未發生之事過分內耗，最壞的結果也不過如此。一切仍在可控範圍之內，一切也沒我們預想的糟糕。

被那些煩悶困擾，曾以為自己的生活最糟糕、雜亂無序，兜轉了一圈才明白：很多時候，不是生活糟糕，而是我們沒有發現生活的美好之處。

生活原本比我們想像的更美好，只要你擅於經營，擅於發現美好。

年紀小一些的時候，從電視劇裡看到「經營生活」、「經營愛情」之類的字眼，只覺高深，總覺得像是擁有三頭六臂，廚藝、烘焙、收納、管理樣樣精通，情商、智慧、格局時刻線上之人，才配得上「經營」二字。

在人海中兜兜轉轉，一路跌跌撞撞，如今終於到了電視劇裡說的該懂得經營的成年人年紀。沒長成小時候想像的「三頭六臂」的女超人般模樣，沒能成為那個全能、擅長經營很多事的完美的自己，偶爾會崩潰，偶爾會搞砸很多事，偶爾也會做一些事後想起來覺得自己EQ真差的事。

但也做好了一些事。在那些艱難時刻，沒被打敗，依舊堅挺，直到危機化為轉機，直到悲傷化為美好；在那些崩潰時刻，哭完也能自己擦乾眼淚，而後爬起來繼續面對生活；再遇心碎時刻，終於沒那麼不堪一擊，心裡也多了些堅強與堅定。

沒能活成想像中擅長經營生活的模樣，但依舊把生活過得很好。回看那句「經營」，終於明白：一直以來，是我們把經營這件事想得太複雜了。擁有美好生活，並不需要那麼多技能。

經營生活的本質是經營自己的心態。

當你狀態美好，當你堅強勇敢，當你懂得放過自己，當你不再畏懼失去，你的生活也會變得美好。

那些擅長把生活過得美好的人，擁有最多的不是經營生活的實操技能，而是好好生活下去的美好心態。

允許事情不如己意不是什麼也不做，也並非逆來順受。允許是認清自己的力量所在。

世事多變，我們無法掌控人生的所有命題，總有無能為力的悲傷時刻，總有不可避免的心碎時刻，總有無法預知的事情發生，我們無法改變。我們能做的即是掌控好我們可掌控的那部分人生。

不過早為未發生的事擔憂。不去擔憂愛人的心意會不會改變，不去擔憂所做之事有沒有美好的結果，不去擔憂未來會遇到的麻煩。

允許最糟糕的情況發生，允許生活充滿麻煩，
允許你所愛之人不愛你，允許生命消亡、感情消失，
允許本來會發生的事情發生。
這是前提，而後腳踏實地地生活，
不焦慮，接受充滿可能性與變化的生活的同時，
也要允許自己時刻擁有生活的主動權。

閒時看花賞月，以自己喜歡的方式過生活；忙時就認真忙碌，接受忙碌本是常態，不悲不怨；被愛時，就好好愛，珍惜與珍重這段感情；感情出現變化時，也學著去接受，這也是人生可能遇到的變故，學會過好獨居生活，換上喜歡的床具，買回喜愛的餐具，吃自己愛吃的食物，看自己喜歡的電影，偶爾也能給自己買花買驚喜。

允許沒辦法阻止的壞事發生，這部分是我們沒辦法控制的。我們能控制的是自己人生的這部分，能選擇的是如何看待發生在我們身上的一切。我們要做的是不悲不鬧，累積能量，不論何時，不論發生什麼，總能自娛自樂。

努力做一些美好的事，但不要為了在社群平臺上展示自己生活得美好，而刻意做一些看起來美好卻不會真正滋養人生的事。

無須太過關注他人的生活，也無須投入過多注意力在虛擬網路上，他人的好壞與我們無關。紮根生活，多去做真實的事。

嘗試替自己做頓想吃的美食，體會自己動手的快樂；去菜市場買一次菜，看到那麼多普通人依舊在為生計奔波，自己所受的壓力與委屈就會消散很多，還能收獲很多動力；定期收拾住所，這樣在擁有一個舒心住所的同時，也會明白於人生而言，自己究竟更在乎什麼；真誠去愛一個人，去見面，去擁抱，去親吻，去一起吃好多好多頓飯，而不是停留在社群平臺上那句「吃了嗎」，也不要抓著聊天軟體上的回覆速度去揣測對方是不是喜歡自己；為某場考試、某個專案、某個目標拚盡全力努力一次，去真正做一些能改變自己人生的事。

關心自己每日吃好穿暖開心否，關心今日自己的工作學業相較往日進步否，關心那個實實在在身邊關心你的人，關心做點什麼能真正讓自己的生活品質提高，關心自己內心的真實想法，關注自己快樂與否，關注自身發展。

這是真正的取悅自己。

年紀稍小一點時，喜歡往嘴裡大口塞高熱量、高油脂食物，大快朵頤，開心得不得了。那時總以為犒賞自己吃喜歡的食物，便是對自己好。二十出頭的胃也尚能接受高熱量、高卡路里食物的摧殘，當時並不理解那些每日吃得健康清淡的人。

總覺得他們好笑，如果不是為了減肥，難道這世上真的有人喜歡吃得這麼低脂、低卡、不油膩嗎？我不信。

後來，年紀稍大了些，不得不承認，自己的胃和身體真的沒有以前那麼耐扛了。每次在外面大油大膩、冷熱不均地吃上一頓，回家必拉肚子，第二日臉上必冒痘，接連幾天氣色也會很差，而且還要面對飆上去的體重，身體負擔明顯增加。

隨之而來的是討厭狀態糟糕的自己，討厭讓體重失控的自己，討厭那個當時沒控制住嘴巴的自己。

再後來，索性少吃不健康食物，每日吃雜糧、蔬菜、優質肉類，少吃精緻加工食物，少油少鹽，營養到位。

每日身體輕快，沒有過多負擔，明白自己是在好好吃飯、好好生活，心情也愉悅。

慢慢終於明白日本生活美學家松浦彌太郎說的那段話了：

「吃下敷衍生產的食物，人不會感到滿足。有沒有發現，很多人吃完飯糰或泡麵後，往往會覺得不過癮，最終又多吃了甜麵包和零食。這樣的日子過久了，不只是身體，就連心靈的健康都會受損。」

其實不止食物，人生也是如此。圖一時舒服，去做那些能快速滿足當下欲望的事，去欺騙自己，只會讓你的人生堆滿贅肉。

少吃會讓身體增加負擔的食物，少想會讓心靈變得沉重的事，少做會讓人生變得糟糕的事。吃健康食物，做能滋養人生的事，學會延遲滿足，保持自律，認真努力，生活才會回報你。

即便生活偶爾可惡，但我永遠可愛。
這是我一直以來的生活態度。

也有朋友問過我，如何在巨大的工作壓力面前，依舊保持積極、樂觀。原因很簡單：這世間還有很多我心之嚮往的東西。

我喜歡吃造型可愛、味道也迷人的小甜點；我喜歡穿著美美的衣服拍可愛、俏皮，又有點成熟的好看照片；我享受忙碌一天後衝進舞蹈教室，在那一個半小時內忘卻煩惱、只專注學跳舞的投入感；我心中有以後想要去玩一玩的城市；我有理想中想要過的生活，在不用工作的早上，睡到自然醒，而後起床，泡一杯咖啡，為自己做一頓健康也好吃的食物。

吃飽後，窩在沙發上看一下書，找到寫作感覺後，再去書桌前寫寫稿子。工作完畢，下午出門見見三兩好友，或是換身休閒服去逛逛超市，囤點想要吃的零食和蔬菜。晚飯或在外面跟朋友熱鬧吃一頓，或買點新鮮食材和品質較好的肉，買些啤酒，而後回家選一部喜歡的電影，邊喝小酒邊吃烤肉邊看電影。晚上睡前再好好護個膚，然後躺在鋪了自己喜歡的床單的床上睡去。

內心深處對可愛生活的嚮往與渴望，支撐著我好好生活。

每每想著，人間還有這麼多我想去做的，還有這麼多我喜歡的東西，就覺得很值得。因為心有所愛，心有渴望，所以任生活煩惱，我始終願意再努力一點，再加把勁。只要快點把這部分煩惱人生過完，我就可以去過我的快樂生活了。

內心可愛之人，很容易被生活的可愛瞬間療癒。

今年，學姐給我的新年祝福裡多了四個字：順勢而為。

去年一年，我過得很不好，也很固執。碰到一個難搞的老闆，被他罵哭過，被他刁難過，在那些最崩潰、最難過的瞬間，我曾不止一次想過：「為什麼我當初選擇了他？」、「若我不那麼慕強，不非要找個最厲害的人當老闆，我現在的日子是否就沒那麼辛苦？」

但更多的是固執，是煎熬。我不喜歡他的做事風格，除去自私、自我外，在某些方面，他的品行還有些不那麼好的地方。

我一邊討厭他，一邊又不得不繼續跟他相處，甚至還需要表現得很尊重他。我無法做到這一點。在我的心中，討厭即是討厭，實在沒辦法跟討厭之人友好相處。

面對那個狀態下無措的我，學姐沒有為了安慰我而跟著我一起罵他、吐槽他，只是耐心地跟我講著老闆的喜好，跟我講著平時如何跟老闆相處，甚至具體到老闆再說我某件事時，我應該怎樣回應他。

在把所有的一切講完後，她對我說了一句話：「沒什麼沒辦法相處的，我們本是多變的，在父母面前是一個模樣，在老師面前是一個模樣，在朋友面前是一個模樣。」

人生如戲，全靠演技。

我懂她的意思。那句她沒有直接和我說出口的話是：在某些人面前收起你的一部分性格，只表現他想要看到的性格，投其所好，這並不可恥。

即便討厭對方，但是帶著討厭也是能繼續相處下去的。

年紀小一點時，我討厭那些對他人「投其所好」的人，總覺得若有能力，坦坦蕩蕩競爭就好，何必故意討好誰，背地裡來陰的。

在過去的那一年，生活教我明白了一個道理：有時，我們投其所好並非為了討好別人，「投其所好」的最終受益人是我們自己。

與其說我們在討好誰，倒不如說我們只是在順勢而為。「為」的目的也只是為自己謀得一份順遂、美好的人生。

如果你不喜歡「投其所好」，那我祝你接下來總能「順勢而為」。

做有序的自己，等待萬物更新。願你不被萬事萬物束縛。

成年人懂得權衡利弊，並不是丟臉的事

我寫專欄時，收到一個讀者提問：如何和討厭的人和平相處？

若是十八歲的我看到這個提問，早在內心翻了無數個白眼，一邊翻白眼一邊還要吐槽：我如果不喜歡這個人，為什麼還要想辦法跟這個人和平相處？大不了老死不相往來，難道我缺這麼一個朋友嗎？難道我的人生沒了這個人真的不能發展嗎？難道我不該活得快意恩仇些，喜歡就熱烈喜歡，討厭就乾脆討厭，為什麼明明很討厭一個人還非要費盡心思跟其相處，不累嗎？

如大多數少男少女一樣，十八歲的我也敢愛敢恨。

可以偶爾說說虛情假意的話，
但不要讓自己真的成為一個虛假的人；
可以在他人面前自謙說自己不行，
但永遠不要覺得自己不行；
可以被他們打擊到，
也可以因為他們的話傷心難過，
但永遠不要為了任何人放棄自己的初心。

但若你問如今的我會跟討厭的人翻臉嗎，我的回答肯定是「我不會」。儘管我依舊敢愛敢恨，依舊憤世嫉俗，內心的小宇宙依舊存在，對某些事、某些人內心深處依舊會看不慣，但我不會再去跟那些討厭的人撕破臉，不會跟他們爭吵，也不會毫不掩飾地讓討厭的人知道我對他的討厭。

是我真的變成了一個俗氣的大人嗎？

並不是的。

年少時的我覺得跟討厭的人撕破臉、無所畏懼地吵一架非常爽，但長大後慢慢覺得，跟一個人鬧翻比費盡心思跟他好好相處更累，更耗費精力。

我慢慢明白，當你不需要別人幫忙時，生活中的大多數人看起來普通而無害；當你跟你眼中不起眼的人鬧得不愉快後，會很明顯感覺到因為他們，你的工作、生活會陷入被動之中。

生活中的大部分人都是如此，若你們和平相處，他們看起來就很普通，但若有一天你們之間出現了點矛盾，你會明顯感覺普通如他們也會卡住你的生活，讓你在某一方面明顯感覺吃力。

說句很現實的話：說不定某一天你真的會需要那個你討厭的人的幫助，何必非要撕破臉？

也許有人會問：「難道到那一天真的只有那個你討厭的人能幫你嗎？找別人幫你不行嗎？難道你不能讓自己變得厲害一點，變成別人需要找你幫忙嗎？」

對於第一個問題，我只想回一句：「如果有一天，我遇到一個問題，恰好只有身邊討厭的那個人能幫我，我為什麼不能找他幫我？」年少時才會為討厭一個人賭氣，死活不肯向他示弱，堅持不肯向對方尋求幫助，但如今我長大了，早就過了低自尊的年紀，如果身邊這個人能在我為難的事上幫我一把，不管我是否討厭他，我都會主動開口請他幫我一把。他幫，那就感謝；不幫，再想別的辦法。

如果身邊有更容易的辦法可以嘗試，何必為難自己耗盡心力找旁人幫忙，節省點精力做別的事不好嗎？

對於那句「難道你不能讓自己變得厲害一點，變成別人需要找你幫忙嗎」，我只想說：吹牛的話，誰都能說，說起來也容易，難的是承認自己並沒那麼厲害。我承認自己並不是無所不能，我承認很多時候我需要身邊人的說明，我也承認我並不想為自己樹太多敵人。

但承認自己的不足、選擇不跟人撕破臉也並不代表我選擇卑微地跟人相處。

不，不是這樣的。我依舊保持我的尊嚴，我依舊尊重我內心的不喜歡，我依舊憤世嫉俗，只是我不再大張旗鼓地討厭一個人，而是選擇與他和平相處，哪怕是表面和平。

成年人都知道人生很多時候喜惡並不能做到那般分明，我時常覺得，我們不是和那個讓我們討厭的人相處，那個討厭的人是誰也不重要，重要的是我們要學會和自己相處，和自己內心的那部分「不喜歡」相處。

年少時，被人誤解，會想要馬上解釋清楚，哪怕跟對方吵一架；被人不公平對待，會委屈，會憤恨不平，會覺得對方偏心，會討厭對方；看穿別人的自私，會覺得厭惡，會想要馬上揭發對方的這份自私；看穿旁人身上那份由嫉妒、羨慕自己引發的各種情緒，會很生氣，會想我又沒偷沒搶，我靠自己的本領走到現在，憑什麼他總覺得我運氣好，憑什麼他總見不得我好，會拚命要跟那個人劃清界限。

以上這些事，我都曾做過。

我曾在很長一段時間以為，我只要變優秀了，到一個更好的環境，就不會再遇到這種時刻。後來發現，討厭一個人，以及被人討厭，是每個人都會面對的問題，跟你是否優秀無關。而後，我慢慢想明白了一件事：我並不是要跟所有人成為朋友，我並不需要被所有人喜歡，我也並不需要喜歡所有人。

於是，不再強求自己喜歡身邊的每個人，學會了裝糊塗，很多時候睜一隻眼閉一隻眼，看似是不為難別人，其實也是放過自己；學會了在面對討厭的人時對自己說「沒關係，反正我也不需要跟他做朋友，共事而已，把不得不跟他相處的幾年過完就好了」，慢慢地學會了寬容；學會了在別人誤解自己時，閉口不解釋，任他如何說，我只一副不在意的樣子，不是我怕對方，也不是我吵不贏對方，只是覺得「對方並非對我重要之人，也非我的朋友，我並不介意他是否誤解我。我很清楚，若他說我一句，我爭一句，他再爭一句，沒完沒了，好浪費我的時間。我有如此精力，還不如運動一小時，或是寫篇文章，好歹能換個健康身體或是賺點稿費」。

我和討厭的人和平相處的最核心也最底層的邏輯即是：想清楚了，我沒有必要和對方成為朋友，也不必跟對方長久相處，所以即便一時不悅，也能安慰自己不跟討厭的人計較。

在不得不跟討厭的人接觸時，就接觸一下，接觸過程中不悅也好，不舒服也罷，總之時刻告訴自己「沒關係，忍一下，他又不是我的朋友，我又不需要長久跟他相處，就這麼一下子，結束了就好」；而後，在能不接觸對方時，就去過自己的人生，去跟自己喜歡的朋友相處。

我有一個十分嚴厲、十分刻薄的老闆，他在我背後搞小動作，可能會影響我未來人生的某個選擇。他還喜歡ＰＵＡ我們，拿他比我們多混了三十多年江湖的經驗鄙視我們，說我們能力差。但他不只是就事論事說我做的那部分工作做不好，還順帶把我認識他之前的所有成績都否定了，說我寫的文章差，說我連一句話都寫不清楚。他一次次詆毀著我們最在意的東西，一次次罵著我們，打壓著我們。

若問我討厭他嗎，坦白地說，我很討厭他，甚至有點恨他。

那麼為什麼我不跟他撕破臉？

理由很現實：他手裡有我想要但暫時沒得到的東西，我需要用時間、精力去得到我想要的東西。

而且，我心裡也清楚，跟他撕破臉這件事很麻煩，會影響我的生活，影響我的情緒，甚至影響我未來的發展方向。我為什麼要因為他對我為難，要因為我運氣不好遇到這麼一個討厭的老闆，就自暴自棄，甚至搞砸自己的人生，搞砸自己的生活？他不值得我放棄我的人生，不值得我退卻。即便面對高壓，即便難搞，我也要努力把人生過成自己想要的樣子。

對他的這份討厭不值得賭上我的人生。

「對討厭的人擺臉色，甩手走人」，這種做法我知道很酷，有電視劇中勇於做自己的女主角的感覺，也很爽。但生而為人，想要進取，很多時候就得忍，得拿到我們很討厭的那個人手裡的通關鑰匙。

這份忍受不是不加思考地全盤接受，而是與之相處時，不管對方批評也好，責罵也罷，全都假裝順從地聽著，覺得他說得對，就改一下，覺得他說得不對，就左耳進右耳出。依舊熱愛生活，依舊努力工作，千萬不要因為他不負責的幾句否定就否定自己的人生。

要堅持自己的熱愛，努力做正確的事，認真做滋養自己人生的事。

請記住，你恭維任何你討厭的人的根本目的，是讓你目前的人生稍微好過一點。可以偶爾說說虛情假意的話，但不要讓自己真的成為一個虛假的人；可以在他人面前自謙說自己不行，但永遠不要覺得自己真的不行；可以被他們打擊到，也可以因為他們的話傷心難過，但永遠不要為了任何人放棄自己的人生。

如果真的忍不了，請記住人生並不是只有一條路可以走。

我支持你們成為懂得權衡利弊的體面成年人，我支持你們堅強且隱忍地活著，偶爾忍氣吞聲一點，也並不是一件丟臉的事。

不要因為自己活成了世俗的大人而討厭自己，
我們每個人都有忍氣吞聲的一面，
只是有些人的隱忍被你看到了，
有些人的隱忍則在你看不到的故事B面。
也許我們都曾討厭過自己，
而我們才是最清楚自己為什麼會這樣的人，
也是這個世界上最不該討厭自己的人。

我也給你們的放棄投一張贊同票。如果你真的撐不下去了，沒辦法做到和討厭的人和平相處，那麼我也支持你展現隨時翻臉的勇氣，只要你真的快樂。

只是做完這個決定，你接下來走的這條路會艱辛些，會付出一些代價。

但是我想說的是：成年人在社會上要學會的第一堂課是挨打就要立正，別為自己已做的決定後悔，別逃避現實，別為某個決定鬱鬱寡歡、覺得自己的人生完蛋了。

人生路千千萬，只要你努力，只要你敢闖，只要你真的有實力，你總能幹出一番成績。不要懷疑，也別害怕。

我很喜歡「在喜歡我們的人那裡去熱愛生活，在不喜歡我們的人那裡去看清世界」這句話。喜歡的、不喜歡的，好的壞的，都可以成為滋養我們人生的東西，就看我們怎麼看待了。

做三四月的事，五六月會有答案

過去半個月，我的狀態一直不太好。

每日一到下午五六點，胸中總不由地滋生出一股苦悶，無所適從。不知如何消解，只能將一瓶瓶酒送下肚。

那幾日我的日常如下：白天做一個體面的成年人，好不容易挨到傍晚五六點，一頭鑽進便利商店，走到即食區拿一盒涼拌毛豆或一盒滷味，而後徑直走向冷藏櫃抱幾瓶啤酒，最後走向結帳台。抱著幾瓶啤酒的我與在便利商店買吃食的同齡人格格不入。我也很羞赧，感覺大家都是正常人，而我像個酒鬼。

當你夠優秀，當你擁有得夠多，
當你本身的附加價值夠大，
你看看對方會不會心動？
跟著時間的指引走，
也許三月你不知道該怎麼做，
五月就知道了。

我曾試圖控制自己的情緒。每日晚上喝得頭暈暈時很認真地發著誓：今天是我最後一次為悲傷喝酒了。但都沒用。

第二日，一到傍晚，仍舊悲從心中來。我想不到更直接的放鬆方式，除了喝酒。

朋友取笑我道：「你每日都說這是最後一次喝酒，每日也總在喝酒。」

在那個悲傷時刻，我還不忘自我調侃：「昨天說最後一次喝酒是真心的，今天說最後一次喝酒也是真心的。我終於理解了渣男，我相信他們在說你是我最愛的女生那刻，內心肯定也是真誠的。

「每個女生都有他愛上的理由，就像生活每天都有新的苦，每天都有值得喝一杯的理由。」

等我說完這句話，朋友捧腹大笑，她說她要把我的這句話發在社群。

我也是第一次發現，原來我竟是這般才華橫溢呀。

我以前總欽佩那些在日常生活中隨便說句話都很風趣幽默的人，好似自己怎麼努力，也沒辦法做到這樣風趣幽默。

但在悲傷面前，我看到了自己的一點點幽默。

我也想過一些自救的辦法。

我們學校的心理學系向來很強，與之相對應，學校的心理諮商中心也很出名，很多校外人士都會來預約諮商。在校生能免費諮商。三月初，我和朋友一起約了個心理諮商，直到前幾天才排到。

我一直覺得自己還算堅強，但是在那簡短的十五分鐘的分診評估裡，在那個老師問了我一句「最近遇到什麼事」後，我泣不成聲，像個小孩，一邊抽泣，一邊哽咽著把我當下所有委屈的事一一說出來。

這是自有記憶起，我第一次在我不認識的陌生人面前大哭，這也是最近情緒不佳的我，第一次誠實地因為我所面臨的煩惱而哭泣。

在那個當下，我突然想到也許我並非想像中那麼無堅不摧。我得坦誠地面對自己，我內心有很多很多的恐懼。

後來的結果很戲劇化：在分診評估階段，從頭開始硬生生哭了十五分鐘的我，被診斷為沒什麼事；而平時情緒一直還算穩定，在分診階段堅定直視分診老師的那個朋友，情況卻糟糕很多。事後，心理諮商中心多次打電話給我的朋友，跟她敲定預約心理諮商師的時間，她每次都堅決拒絕。

怎麼也等不到心理諮商中心電話的我，還主動打電話去問我什麼時候可以預約心理諮商師。工作人員回覆我：「你這邊還未進入排隊順序，等後續安排。」

朋友說我的情況肯定不怎麼嚴重，所以暫緩推進。她還笑我過分主動。和被多次打電話約時間但都拒絕了的朋友比起來，我的確很主動。

不過，我很坦誠地回答：「我很想找個專業的陌生人聊一聊。」

那日在心理諮商中心，那個穿得很斯文的年輕男士聽著我邊抽泣邊委屈地說：「我最近的生活很平淡。之前沒辦法好好相處的老闆，如今也能愉悅相處，前不久他還稱讚了我；工作也在預期內進行，每日認真寫稿，認真看書；身體也在認真運動，每天至少一小時，日日如此。但偶爾我就是覺得生活好沒意思哦，人生好虛無。」他沒忍住，嘴角笑了一下。

如今想起，他當時心裡肯定在笑我。我也知道我只是面臨著所有人都會面臨的一個人生課題：生活是漫長的，也是平淡的。

但我好像就是跟別人不一樣，我就是沒辦法忍受這種平淡。

他繼續問我：「你還有什麼事感到難過嗎？」

我說：「我很焦慮。人生本如農忙時節，再怎麼忙碌，我的內心都是安定的，一旦忙完躺平，我的內心就空虛。」

他問：「你停下會怎麼樣？」

我說：「焦慮。會覺得別人都在努力往前走，而我在原地踏步，愧疚不安，不該這樣的。」

他說：「那你努力去做啊。」

我答：「我不想去做，沒有動力直接去做，得事逼到眼前不得不做再去做。」

他繼續問我：「我看你的基本資料上寫著，你是在工作幾年後重新回到學校的。你已經有社會經驗了，按理說，你應該明白這種情況是人生常態啊。」

我說：「是啊，我明白很多人生哲學。但我就是不開心啊。」

他問：「你之前是做什麼工作的？」

我說：「寫書的，出過幾本書。」

他饒有興趣地問我：「你寫的是哪種類型的書？」

我說：「女性勵志的，正能量的。」說完這句，我還不忘用一種早已預料到他會問「什麼？」的語氣補一句，「是不是很驚訝，一個寫勵志文學的人，還會這麼沮喪？」

他沒有安慰我，也沒有回應我，我在那個房間裡待的最後一分鐘，我們都沉默了。我抽了一張桌上放的面紙，默默抽泣著，而後我覺得差不多哭夠了，擦乾眼淚，整理好情緒，走出了那個房間。

臨走前，他跟我說：「我幫你預約心理諮商師。」我說：「好。」

這便是完整的故事。

在陌生人面前，委屈地哭一場，把近來難過的事一一坦誠地說出來，儘管他當時並未給我任何聽起來有效的建議，但是事情也有進展。

那晚，我又跑去便利商店買了幾瓶酒，就著不健康的垃圾食品和內心的苦楚喝下去，頭暈暈地爬上床，認真地把最近讓我難過的事又想了一遍，邊想邊默默哭泣，而後在心裡對自己許諾：「那部分難過，與這部分只知道借酒澆愁的糟糕的自己，都留在今晚吧。未來山高路遠，我不帶你們去了。」

那晚之後，我再沒有因為悲傷而喝過酒。我開始振作，開始好好生活。

即便偶爾心中仍有苦楚，我也會調侃自己一句：「你已經長成那種不再依賴酒精消解難過的大人了，你要學會去面對自己的難過。」

這些都是發生在三月的故事。

你以為我會筆鋒一轉，在這一行寫上「如今到了五月，一切情緒早已消解」，直接過渡到五月嗎？

不，我不會的。

生活是平淡的、緩慢的。

生活不會因為你此刻的生活無趣，就大發善心給你一點驚喜。

日子都得自己慢慢過。

後面的那段日子，過得如往常般平淡。

每日六點一刻鬧鐘響起，我賴床到六點半，依舊一杯黑咖啡，而後運動一小時。不過，最近我有了新習慣，我不再那麼熱衷於無氧運動了，如今的我更喜歡跟著熱血又搞笑的小馬哥跳四五十分鐘燃脂舞。出一身汗，真的很輕鬆。

每日生活依舊三點一線，要麼在住處，要麼在餐廳，要麼在工作地。不過我又找了幾個好看的電視劇，就著張弛有度的劇情下飯，真的很快樂。我也開始為自己制定每日工作計畫了，每天必須完成一定量的任務。我好似很享受這一切，每日提著電腦，帶著喜歡的水果零食，找一個空處，敲著一行行字，累了吃點水果。

在那個當下突然覺得，努力做點什麼，累了吃點喜歡的水果，也是一種人生快樂。

依舊需要不停開會，偶爾還是會覺得這些會議很沒有意義，等待的時候很沒意義，討論的問題大多也很無趣。但那日開完會，老師很認真地對我說：「你這次進步很多，真的進步很多。之前我對你一直要求很嚴格，批評了你很多次，你當時恨我也好，怨我也罷。在我看完你這次交上來的東西後，我覺得我這麼嚴格要求你是對的。」

聽到那個平時不苟言笑的老學者嘴裡認真說出這段話的那刻，我真的很感動，也很想哭。

雖然我知道，依照他的性格，此刻不管多麼肯定你，後面該批評時還是會不留情面地罵你。儘管此刻這份感動並不能持續很久，但在當下我還是很感動。

生活充滿細碎的小確幸。
在關鍵時刻，生活總會用它的辦法
一點點感化我們那顆以為不會再熱烈的心。

我也跟好久不見的朋友一起吃了飯，更準確地說是真誠地夜談了一番。買了幾瓶酒，以及瓜子、毛豆、滷味、洋芋片。我們幾個人席地而坐，吃著，喝著。不同的是，這一次喝酒不再是因為我很悲傷。

朋友講著她的職場生活，被老闆要求選邊站，她學著裝傻。一個人下班後回到空蕩蕩的租屋處，身體與靈魂都很疲憊，在那些孤獨的日子，往胃裡塞著一袋袋垃圾食物，焦慮著那懸而未決的未來，不知道她孤注一擲賭的那個職位，在幾個月後能否給她相應的回報。

說完這些，她將杯中啤酒一飲而盡，而後說了一句話：「我發現，其實所有的捷徑，都是彎路。」

這句話說得太好了。每每想起這句話，我都跟自己說，一定要把這句話寫進書裡去。還好，這次我記住了。

我不知道，得走多少彎路，經受多少委屈，才能得出這份感悟。

但能肯定的是，在人間謀生的我們，都有好多好多煩惱，其中大部分煩惱旁人幫不了，只能自己去消解。

我一時也不知怎麼去安慰她。我突然明白，為什麼在我哭著說完那麼多後，那個輔導老師一副無動於衷的樣子。因為，我們被困的不是情緒，真正為難我們的是生活，真正困住我們的也是生活。

生活是既真實又摸不到的存在。
我們誰都沒辦法去跟一個看不見摸不著的東西講道理，唯有忍受。

忍住苦楚，始終不是解決問題的最好辦法。近日來，我也在想積極解決問題的方法。

我主動去找我很信賴、很熟悉，也很欣賞的一個作者大姐姐傾訴。我將我現階段遇到的擾心的事都跟她說了，很坦誠且毫無保留地說了。

我為一段關係困擾，儘管我知道當下應該等待，但在等待那個結果的日子裡，也真的很著急。

我說：「我怕我等待了，但後來並未得到預期的結果，豈不是白等？我不願意做出等待的姿態，我迫切想要一個結果，最好現在就有。」

她回應我：「如果感情困擾暫時解決不了，那就把你的精力放在寫作上，把你的心態撥正到『順其自然』那個位置，讓自己更耀眼一點。到那個時候，搞不好你都不在意這些了。」

她說：「不急著贏的人，才能贏到最後。你不能急。」

我說：「面對懸而未決的事情，我始終做不到淡然處之。總覺著這件事不得到一個結果，就沒心情去進行下一個階段了。」

她說，那你要學會做一個對自己也能心狠的人。不該想的事，不去想；做對的事，做該做的事，拿回掌控自己情緒的主動權。等得起，也要能夠豁得出去。

最後，她跟我說：「生活是不可控的，但我們也有我們的力量。如果你沮喪、失意，你不知道該去做什麼，那就去做那件能讓你變得更優秀的事，或是控制情緒，或是振作起來去好好生活，或是單純地讓自己變得再光芒萬丈些。」

當你夠優秀，當你擁有得夠多，當你本身的附加價值夠大，你看對方會不會心動？

剩下要做的，就是等待了。

正如她最後跟我說的那段話：

「順其自然，跟著時間的指引走，時間會告訴你怎麼選擇。我們的心智都是在各種事情的發生中變得越來越成熟的。也許三月你不知道該怎麼做，五月就知道了。」

在此之前，做一個等得起的人。

帶著誠意去努力，人生肯定不會差

我的社群帳號設有一個「特別美，特別熱愛」的追蹤分類，追蹤的都是些生活很美好、很認真的女性。她們有的過著我想過的生活，有的總能把日常生活過得很美好，有的活得很努力、很認真，有的跟我年齡相仿，但這些年從未懈怠過，靠著自己的努力刷新著人生的副本：去名校繼續讀碩讀博、出國留學、進大廠、進名企……平時認真工作、學習，工作之餘也擁有豐富多彩的生活，搞好臉蛋，也搞好身體。

每當看到認真生活的美好熱烈的她們，我都感到被療癒。漫漫人

沒有哪個人的人生一直順遂，
也沒有哪個人的人生一直不順，
生活肯定希望你
透過這件事學點以後用得到的技能。

雖然偶爾生活不那麼可愛，
但我願意永遠可愛，永遠美好，永遠取悅自己。

生，這世上還有這麼一群人，她們沒被生活打敗，她們依舊堅挺，努力跨越生活設置的每個障礙物，依舊活得很美好。

她們的這份美好，一次次給我重新愛上生活的力量。並非我的人生最辛苦，何須自憐；她們也並非生來就擁有美好生活，如今的一切，也都是靠自己的雙手打拚獲得。

大家都在努力過好生活，我又有什麼理由不去熱愛生活。

於是，一次次因生活心碎，又一次次不怕心碎，依舊努力生活，治癒內心後繼續熱愛生活。

以上這段內心獨白，幾乎每天都在我的人生中上演。總有疲倦的時刻，但每次都安慰自己：我的生活並不是那麼無趣，如果讓她們來運營我的生活，肯定也能過得豐富多彩。

既然有更豐富多彩的活法，那就再努力一下，把生活變得更豐富多彩些吧。

有段日子，我對生活的態度跟「熱愛」二字壓根扯不上關係。我特別想要逃離，逃離生活中討厭的人和事。把所有的情緒概括起來，就是我對當下的生活不滿意，也不喜歡。

就像遊戲副本一樣，這個副本裡有我想要的東西，有推動劇情的東西，不打通這個副本，遊戲就沒辦法繼續好好玩下去。我沒辦法放棄這個副本，也不能直接說一句：「老娘不玩了。」

一切都需要時間，需要等待。那段時間，我過得極其痛苦。

後來，某天洗澡，蓮蓬頭把水往我的臉上噴，我享受地任它噴灑，覺得好好玩。

在那個瞬間，我的腦中突然浮現一句話：反正要拿到通關鑰匙，總需要時間等待，那麼我為什麼不快樂地享受這個過程呢？

既然有些痛苦無法避免，那何不快樂地享受這些痛苦？痛苦之餘，按照我想要的那樣去好好生活，持續運動，保持內心的熱愛。不能便宜這場等待，不能白受這場委屈。

從那天起，我每日六點多起床，運動一個半小時。

而後，替自己準備一頓想吃的早餐，有時是貝果上塗滿酪梨泥，有時是麵包加果醬，有時是燕麥牛奶，有時是紫薯玉米雞蛋。每天還會替自己做一杯咖啡，有時是美式，有時是燕麥拿鐵，有時單純把濃縮咖啡倒進優酪乳。每天如此。

靠著這些很小的習慣和舉動，我每天的快樂多了些，慢慢覺得生活還是很美好。即便當下的生活中有些苦難，但此刻的我也正過著未來的我想要的生活，持續運動，吃得健康，自給自足。

我以前總覺得，得等我完成某件事後，我才能過上想要的生活。
現在發現，只要真的想，此刻就能過著想要的生活。

這是真的。美好生活其實沒那麼多限制條件，
所有的限制條件都是我們自己加上去的。

如果你認為過著你想要的生活你就會開心，就會熱愛生活，那麼此刻不快樂的你何不試著按照你想像的那樣去生活呢？

這是一個很「精緻」的時代，每個人像田字格般活得規整，活得一絲不苟，並以少油少鹽低脂、戒糖、自律為美德。吃得稍微油膩一點，就會被指責活得不健康、吃得不高級，甚至會進階到生活方式不對。一口吃錯，就是不熱愛生活。

曾有一次，我跟朋友分享我的某次高熱量下午茶，有紅絲絨蛋糕，有奶茶，有洋芋片，有巧克力，還有炸雞。朋友看後，直接乾脆地回覆我：「你完了，又是甜食，又是油炸食物，又是垃圾食品，又是高熱量食物，你吃得真不健康。」

其實並不是這樣的。所謂的「自律」並非這麼一刀切地等同於「熱愛生活」。而且，「低脂、無糖」堅持久了，真的會倦，會覺得人生就像每一口都被精心計算過的少油少鹽的食物，無味且無趣。

所謂的自律的生活，並不一定是你熱愛的生活。

就如我在最難過時，最想吃的食物不是少油少鹽的水煮雞胸肉，而是大油大甜的火鍋、烤肉、炸雞、甜點；在我最沮喪時，我最想喝的不是健康的果汁，而是酒，微醺而後慢慢放鬆；在我最提不起精神做某件事時，最能讓我恢復精力的辦法不是去運動，而是打開空調，點開一部喜歡的電影，或找一本喜歡的書，躺在床上看，看著看著，在溫暖中慢慢睡著，什麼也不去想，什麼也不去做，待這一覺睡醒自然精神飽滿。

儘管在那些時刻吃得不那麼健康，也沒那麼積極，但在那個當下我就是很開心，也很熱愛生活呀。

我有時覺得，如今大家活得不快樂，甚至感受不到自己對生活的熱愛，恰恰是因為大家太想活成世俗眼中「健康」、「自律」的樣子了。

我們太想活成世俗眼中讚賞的模樣，
以至於忘記了自己原本喜歡的東西，
丟掉了自己原本的模樣，活得很委屈，很不開心。

如何找回熱愛生活的自己？

首先要做的就是坦誠面對自己的內心，尊重自己的喜好。接受那個原本喜歡吃炸雞吃高熱量食物的自己，接受那個喜歡宅在家的自己，接受那個不那麼熱愛運動的自己，接受那個不愛社交的自己。

偶爾允許自己活得不那麼「健康」。

吃吃垃圾食品，允許自己偶爾無所事事也沒有任何目的地在家窩一天去追劇、看書、看漫畫，允許自己偶爾做一些真的想做、真的熱愛但可能旁人不理解的事。

你並不需要時刻自律，偶爾放過自己，尊重自己的喜好，做點你真正想做的事，吃點你真正想吃的東西。這才是真正的熱愛生活。

與二十歲那個總覺得自己的生活很糟糕、還有進步空間的我相比，二十六歲的我進步最大的地方就是：我學會了「自欺欺人」。換個更文藝的說法，我學會了為「自己的生活是很美好的」這件事不斷找藉口。

遇到難搞的老闆，不斷替自己做心理建設：沒關係的，就當是歷練。如果這麼難搞的老闆我都能搞定，都能摸清他的脾氣，跟他友好相處，那麼以後工作中我再遇到難搞的人，肯定都能輕鬆搞定。

就當是在學習成年人的人際相處之道。

遇到人生農忙時節，工作多，壓力大，內容雜，且很多時候是幾條線需要同時進行，也不再自憐自怨，反倒開心地對自己說：「這麼忙碌，壓力這麼大，如果我都能撐過去，我肯定又能進步很多。」

這是機會呀，要迎難而上。

遇到生活不順遂，即便再崩潰，待到情緒穩定後，也會努力安慰自己：你想想啊，沒有哪個人的人生一直順遂，也沒有哪個人的人生一直不順，生活肯定希望你透過這件事學點以後用得到的技能。所以，別沮喪啦，越是不順遂，越不能哭喪著臉，不然會吸收更多的負能量。你要笑一下，要想想開心的事啊。

你要相信，這麼認真生活的你繼續努力下去，人生肯定不會差的。

這種行為看似很阿Q、很傻，但真的很有用。

以往很長一段時間，我都是如此這般，一點點療癒自己，一次次重新拾起對生活的熱愛。

前不久，有朋友傳訊息給我說：感覺你的生活很美好，你總是元氣滿滿，活力無限。

看到這則訊息，我笑了笑後回她一句：不是沒煩惱，只是我還想好好過我這一生。

我想讓自己擁有豐富多彩的一生，忙時工作，閒時認真生活，開懷大笑，去吃好吃的，去旅遊，去拍好看的照片，給自己買花買衣服，擁有健康有力量的身體，擁有好的生活習慣……

還有很多的欲望，想要讓自己完成那些夢想。

雖然偶爾生活不那麼可愛，但我願意永遠可愛，永遠美好，永遠取悅自己，也願意總是多一份期待地熱愛生活。

這是我想要好好生活的誠意。去愛它，慢慢它也會愛你的。

做對的事，花長的時間

新年第一天上午，我去上了一節舞蹈課。早上出門時，朋友問了我一個問題：「今天是節日，何不放鬆一下，給自己放一次假，睡個懶覺，或是出去玩一下，何必非要去上舞蹈課？」

我回他一句：「於我而言，跳舞也是放鬆的一種方式。」

更多的，我並未解釋。其時，我還有另一番心理活動：我對自己許諾今年要繼續運動，每週至少去上四節舞蹈課。

如今新年已到來，第一天是實施新計畫最好的時機，那麼就從今天開始實踐，開始運動。

我們缺的不是做某件事的能力，
缺的是守住我們好不容易養成了習慣的能力。
真正的努力不該只是在某個時間段內認真工作，
而應是持久地踐行某種生活準則。

我平日也從未虧待自己，只要認真完成了階段目標，該獎勵自己時也大大方方獎勵。對現在的我來說，慶祝節日最好的方式，早已不是吃喝玩樂。

我心中最好的慶祝方式是，繼續規律生活，打造一個更好的自己。

原本以為大家忙著慶祝新年，像我這般在元旦依舊嚴格要求自己上舞蹈課的人不會多。結果並不是。新年第一天，小小的舞蹈教室裡依舊來了很多人。

身邊的人忙著慶祝，好似全世界都在狂歡，待跳出圈子回過頭一看，原來這世上，還有很多努力、認真、對自己下得去狠手、自律的女生。如此一想，我備受鼓舞。

不要小瞧任何一個在節假日都持續運動、保持自律、追求更美更好的女孩，也不要小瞧一個女孩變美、變好的決心。她們的臉上洋溢著對更好的自己的期待，但也不只是期待，她們把期待變成行動，把夢想變成現實。

曾有很長一段時間，我有嚴重的「節後症候群」。過節本是一件值得開心與慶祝的事，但我每次過節就像經歷一場人生小災難：敞開肚皮跟朋友吃喝，好不容易建立的健康飲食習慣因為一個「節」毀於一旦；完全放縱自己玩樂，好不容易養成的早睡早起、規律生活的習慣也被破壞；以及毫不克制地去慶祝節日，以至於節後的幾天特別疲累，收不回玩樂的心，沒有精神，失去鬥志，不想努力。

後來，我找到了問題的癥結所在：明明花很長的時間去實踐一個好習慣，可一碰到節慶假日就放棄，而後又得花很長時間去重建好習慣。每逢節假日，如此反覆折騰幾次，耗心耗力，最後只剩疲憊與放棄。

我們缺的不是做某件事的能力，而是守住我們好不容易養成了習慣的能力。

在人們的刻板印象裡，「努力」的含義是加班工作、不畏艱難、很辛苦地去做某件事。但在當下充滿誘惑的社會，真正的努力不該只是在某個時間段認真工作，而應是持久地踐行某種生活狀態。

不論外界環境如何，依舊維持自己已有的生活秩序，依舊吃得健康、保持運動，將「我們努力想做的事」內化成我們日常生活的一部分。要慶祝，也要努力；要放鬆，但也要護住野心勃勃的心氣；要玩樂，但不能因為玩樂破壞好不容易建立的生活秩序。

二十七歲的我終於明白，我不是毅力特別強大之人，也非心態極其良好之人，每次破壞生活的已有秩序，我也很焦灼，也會怨自己為什麼吃那麼多，也曾因中途放棄過很多事而喪氣。

我終於明白，習慣難養成，但易放棄，生活艱難的部分不是努力做某件事，而是長久地、十年如一日地去做某件我們很珍視的事，將好習慣變成生活的一部分。

所以，不妨以下面的話共勉：做對的事，花長的時間。

若能做到這一點，無論做什麼，都不會太差。

朋友前幾日跟我說，她想報名皮拉提斯的私人教練課，要四萬多塊錢。她問我該不該報名。

我回她：「教練費在你的能力範圍內，如果你真的很想學，那就去報名。這是對的事，應該做。」

朋友問：「你怎麼知道這是對的事？」

我答：「能鍛煉身體與意志，還能保持愉悅心情，最重要的是能讓我們變美變好變健康，這樣的事就是對的事。」

到了一定的年齡，判斷一件事該不該做的標準只剩一個：做這件事，能否讓我變美，變強，抑或是變得更開心。能，那便去做；不能，就不去碰。消耗精力的事，我再也不想去做了。

我之前花了幾萬元去報舞蹈班，周遭的人不太理解為什麼我很執著地要花這麼多錢去學舞蹈，她們覺得蠻貴的，甚至在背後說我錢多人傻。我的想法是，跳舞這件事能讓我開心且精神狀態很好，而且我喜歡，那便要去做。對於非常在意自我感受的人來說，如果過得不開心，抑或是精神狀態不好，那做什麼事都不會舒服。

有時，生活中最重要的事就是搞定自己的情緒，讓自己快樂飽滿。

所以，我會每天花一個半小時，什麼也不想，專注上舞蹈課，出一身汗。運動後心情愉悅，覺得放鬆，更有氣力去應對生活的紛繁複雜，能更快樂地生活，也能更精神抖擻地去寫作與工作。

所謂對的事，就是那些能幫我們搞定自己的情緒，能讓自己更有底氣、更平和地面對當下和未來變數的事。

那日運動完，在回家的車上，我的腦中突然蹦出一句話：在我們自己身上克服這個時代。

漫漫人生，我們還會遇到很多難關，學業上、工作上、感情上、婚姻上、人際上、生活上……但所有困難與糾結的解藥，不在別人手裡，而是握在我們自己手裡。我們要做的就是搞定自己，讓自己變得夠勇敢、夠強大、夠堅強、夠有信心去面對失去與得到。

我們的快樂與難過、成功與失敗、驕傲與自卑、堅強與脆弱的鑰匙，都在自己手裡。
很多時候，不是生活為難我們，而是我們自己為難自己。
讓自己活得舒展，生活也會變得順遂。

年少時，我們常常活得很複雜，想要別人的愛，想要別人的喜歡，想要被認同，想要讚美，想要好運護體，想要很多錢，想要某個學位，想要某場考試順利，想要生活少為難我們一些。

我們習慣將自己的快樂和外界掛鉤，我們將自己快樂的權利讓渡給他人，所以，活得彆扭、脆弱，有一顆玻璃心，也不快樂。

長大後，我們清楚很多東西控制不了，所以乾脆放棄那部分期待。我們不願意再把自己的快樂寄託在別人身上，早早認清了旁人靠不住，所以放棄那部分幻想，專注於自身，把自己活成能庇護自己的騎士，讓自己依靠，讓自己快樂，也能替自己排憂解難。

當然，我們依舊相信愛，也願意去愛人，只是清醒地知道每個人都有自己的難關要過，可以去愛，但不要完全去依賴。愛情如是，親情和友誼也如是。

想要長久幸福，還是要多關注自身，多做對的事，拿時間、精力與心思來培養自己、塑造自己，把自己活成一件拿得出手的了不起的作品。

相信時間的力量，相信自己的可塑性。祝你也能活成自己滿意的樣子。

Part 2

普通人家的女孩，不能輸

我從未停止努力，也從未忘記自己曾經想做的事。
我沒能等到那個能讓我夢想成真的聖誕老人，
但我還是幫自己把想做的事一件件都做了，
把心中的願望一一實現。

原來，我們才是自己的聖誕老人。

生活有時會很苦，祝你做一個收放自如的大人

五年前，要我談「什麼能力最重要」，我的回答可能是「一個人很能幹，什麼事都能解決好，什麼工作都能做好，就是很強的能力」。但若再追問一句「這種能力具體是什麼」，我肯定是沒辦法講清楚的。

我那時認為，「能力」是一個抽象的概念，是類似天賦的東西，有的人就是口才好，有的人就是擅長跟人打交道，有的人就適合幹這一行，是天生的聰明能幹。

近五年，我親眼見證了身邊朋友的蛻變，看著他們在人海中浮浮沉沉，掙扎著，努力著，迷茫著，堅強著，看著他們從零開始學一項技

你不用非常厲害，
你只需要在該厲害的時候厲害，
在該堅強的時候很堅強，
在該努力的時候非常努力，
在該認真的地方非常認真，
在該控得住場的時候控住場，
在該快樂的時候快樂，
就可以了。

能，從無到有地塑造著自己，從一個還蠻普通的人，最終成為在某個領域能力不錯的人。

因為親眼看到過，所以更能明白「能力」是可以後天習得的。

我現在開始堅信：大多時候，一個人比你優秀，不是因為他比你更聰明，比你厲害，只是因為他的性格比你多了某個特質，例如更敢做，有更多的韌性，更愛折騰，更敢闖，更不服輸。

以上這些都是很重要，但經常被忽視的美好能力。

接下來想結合我自己親身所

感，以及我身邊朋友的真實經歷，來談談那些對我們來說很重要，但又很容易被低估的能力。

我有個學姐，前兩天在社群平台上貼出自己的研究所錄取通知書，我和她的所有共同好友基本上都按讚了。學姐的經歷也真的很勵志，先念了專科，後來又考取大學，畢業五年後又考上排名前十大學的研究所。她真的很厲害，也很辛苦。

背後的心酸和努力肯定有很多，在有些人眼中很容易做到的事，她其實多走了彎路，多花了時間，多投入了精力，才成功的。

看到學姐那則貼文的那個晚上，我很開心，也很激動。因為我親眼見證了努力的力量，我親眼看到只要一個人發自內心地想做一件事，哪怕那個目標此刻離自己還很遙遠，慢慢累積，慢慢蓄力，也總有到達的那一天。

在很多人眼中，努力是一件很不起眼的東西，因為一兩天時間看不出努力與不努力的差距。就如運動減脂，你一天兩天跑五公里，壓根沒辦法變成你理想的身材。所以很多人會說跑步減肥沒用，努力沒用。

有用嗎？有用的。

但你得長期持續努力。

人們每次看到別人的逆襲故事，總會安慰自己：「這是個案，大多數人是做不到的。」但為什麼別人能成為奇蹟般的個案？說到底，其實每個人都有機會成為特別的個案，只要你想成為逆襲的個案，只要你肯努力、肯堅持。

我知道，現在很多人討厭聽到這類雞湯故事，但是很抱歉，這就是真實生活中正在發生的故事。

有的人就是靠著大多數人瞧不上的努力和堅持，憑藉長久地努力做一件事的能力，把自己活成了人們討厭但又羨慕的勵志模樣。

我之前跟一個男生朋友聊過「人際交往要真誠，要謙虛」這個話題。

當時這個朋友不認同我所說的「與人相處要坦率真誠」，他覺得不能太真誠，因為太早向別人攤出底牌，讓別人一眼看出你是怎樣的人，會讓別人覺得你很好欺負、很沒心眼，以後就會欺負你，會小看你。他也不認同做人要謙虛，他覺得人要有傲氣，他本身也是一個很驕傲的人。

我也不認同他說的，我不認為對人真誠，讓別人看到你謙虛禮貌的態度，就是給了別人欺負你、不尊重你的權利。

從來不是這樣的。

努力是個人態度，真誠是個人特質。很多時候別人覺得這個人還不錯，蠻坦率的，能力也還行，有什麼機會就會先考慮他，或者替他說幾句話，或者向別人推薦他。無論是工作，還是生活，別人的善意幫助會讓人生路走得容易很多。

我所理解的真誠是，態度友好，坦誠說出自己的想法，抱著誠意與人交往，不介意被別人看到自己的某些缺點。

人與人之間想要相處得好，得適當展示自己的「脆弱」。從心理學角度來講，這會拉近兩個人的距離。

最重要的是，真誠不代表沒有鋒芒。
遇到懂你的人，那就彼此真誠相待；
遇到得寸進尺的人，保持善良，
但記得要展現出你的稜角。如此足矣。

待人真誠是一個很不起眼的特質，但也是一種特別珍貴的能力。希望你們能懂這句話。

我始終覺得，在低谷期東山再起、逆襲人生的人，都是了不起的人。以演藝圈來說，就是熬得住漫長孤寂、坐得了冷板凳、幾年後能再翻紅的人，都是厲害的人。

這是我近期的感受，也是我看了對演員金莎的一篇採訪報導後的感受。懂得自救的人，真的很了不起。

每個人一生中多多少少都會在一些事上摔幾個跟頭。人生這麼長，每個人都會遇到一次或幾次低谷，誰都躲不掉。面對低谷，抗壓力強不夠，心態好也不夠，你要想辦法自救，想辦法在黑暗的隧道裡找到一束光。這是一個很重要但也往往容易被忽視的能力，即「自救」的能力。

何為自救？是即使你連續遇到了人生的幾個紅燈，依舊不自暴自棄。要麼想辦法找條別的路到達目的地，要麼說服自己平靜地等待綠燈亮起，在漫長等待的同時還不忘自我提升，學幾個技能，或者多看幾本書，實現自我增值，等到下次東風來的時候飛得更好更穩。

不要小瞧在最亂最壞的時候還能不急不躁地掏出單字書背單字，或者氣定神閒地回郵件、寫工作報告、想辦法賺錢的人。手忙腳亂時依舊努力維持生活秩序，不焦慮，好好生活，就是人生的一種自救策略。

現在很多人活得不快樂，活得很焦慮，很多時候不是得到的太少，而是他們沒辦法用更坦率的心態接受生活、擁抱自己的人生，他們沒辦法自洽地活著。

什麼是自洽？用最通俗的話來講就是，總有樂在其中的本領。

世人常對充滿不確定性的未來焦慮，但哪怕面臨相同的煩惱，也總有過得比你開心的人。

我最近特別讚賞那些能在波濤洶湧中找到平靜的人，我身邊也有很多這樣的人：明明在大城市裡生活壓力大，也很孤獨，但他就是能在工作日認認真真上班，在休息日呼朋喚友開心玩，或者自己在家煮點好吃的，生活得很滿足。

還有一些朋友，看起來人生十分順利，沒有一絲煩惱，以為生活對他們比較偏心，讓他們事事順意，走近了，才發現該經歷的坎坷他們一個也沒少經歷。

他們厲害的地方就是，心態很好，非常自洽，不管遇到什麼困難，都能找到出口開導自己，讓自己放下，讓自己開心地接受。

年紀小、沒怎麼經歷人生風雨時，會覺得開心地笑是一件很簡單的事，隨便一個綜藝節目都能讓我們哈哈大笑一場；等到長大後，遇到的挫折多了、曲折多了、糟糕事多了，才明白，那些不管發生什麼都能開開心心地笑，有著一張沒被生活欺負過的臉、活得自洽的人，真的特別厲害。

我們總說有的人笑得很療癒，但其實不是微笑能療癒人心，而是長大後忘了怎麼笑的我們，真的會發自內心地羨慕一個笑得很開心的人。

我一直很喜歡〈歲月如歌〉裡的那句歌詞：「天氣不似預期，但要走，總要飛。」生活很多時候就像這句歌詞裡寫的那樣不如預期，失意、沮喪的時刻更是常有，但就算沒有百分之百如意的條件，我們依舊能想辦法把我們可控的那部分人生過好，在自己可控的範圍內努力讓自己的人生變得優質，這就是一種成功。

這也是我們終其一生都需要學習的能力。

你不用非常厲害，只需要在該厲害的時候厲害，在該堅強的時候很堅強，在該努力的時候非常努力，在該認真的地方非常認真，在該控得住場的時候控住場，在該快樂的時候快樂，就可以了。

生活有時會很苦，所以祝你做一個收放自如的大人，總有樂在其中的本領。

日子無法退換，但請及時止損

年紀稍小一點時，心情一不好就喜歡找人抱怨。呼朋喚友找人陪，喋喋不休反覆說很多話，即便最後問題依舊沒解決，但內心就是會舒暢一些。

再後來，我進入了另一個階段：每每遇到心情不好時，就硬灌自己雞湯，逼自己變得堅強。我曾很偏頗地用「真正強大的人，是不會輕易為這些事難過的」這類話安撫自己，用一種激進的方式告訴自己：「即便再難過，心情再不好，你也要忍著，因為你要成為一個厲害的人，厲害的人都不會為情緒所動。」

我相信，很多人的成長過程中

「自癒」最重要的不是「癒」，而是「自」。
這種「自」是我們自主地去想辦法做點什麼，
去讓當下的自己舒服一點。
是自發的，是自願的，
沒有任何人逼我們做這件事，
我們自己也沒逼自己。

只是因為我們不喜歡悲傷的自己，
也不喜歡難過的自己，
我們喜歡活力滿滿、積極陽光的自己，
那便去幫自己把那個樂觀美好的自己找回來。

都會有這麼一個階段：想要成為一個優秀的人。
於是，拿著我們所想像的優秀之人的做事之道去逼自己變得勇敢、堅強、努力。

如今我成熟了些，也沉穩了些，清楚了很多人生大道理，也明白了很多時候難過只是自己一人之事，旁人沒辦法幫我們，也拯救不了我們。
於是，慢慢學會向自己借力，難過也好，悲傷也罷，心痛也沒關係，自己的情緒自己一口口吞進去，認真品嘗，搞清楚這份情緒的食材究竟來自何處，究竟經過何種加工才會有如此滋味，這份嘗起來苦澀的「難過」食材究竟是哪裡出了問題，都弄清楚了，而後生產出能消解當下情緒的解藥。

我稱之為自癒。

在我的心中，「自癒」最重要的不是「癒」，而是「自」。

這種「自」是我們自主地想辦法做點什麼，讓當下的自己舒服一點。是自發的，是自願的，沒有任何人逼我們做這件事，我們自己也沒逼自己。只是因為我們不喜歡悲傷的自己，也不喜歡難過的自己，我們喜歡活力滿滿、積極陽光的自己，那便去幫自己把那個樂觀美好的自己找回來。

所以，若被問心情不好時我會做什麼，我的回答是：「我會做很多很多事，但做那些事不是為了逃避生活，也不是單純為了放鬆，更不是自暴自棄、自甘墮落，我做所有事情的最終目的都是把那個積極樂觀的自己找回來。」

每個人的難過都不相同，我沒辦法告訴大家解決難過的辦法，甚至我自己也不知道如何真正解決難過，但我可以跟大家分享一些尋找快樂的管道。

酣暢淋漓地運動一場。

曾有很長一段時間，我覺得生活虛無。每日忙忙碌碌，但做的很多事都沒多大意義，且消耗人。但又無法反抗，不得不去做。

我不喜歡這樣的生活，覺得自己沒任何進步，又暫時沒辦法跳脫出這種生活，一度很沮喪，心情很差，做任何事都提不起勁。

在那段一直失眠的日子裡，某天腦中突然閃現出一番話：「那不然我去運動吧？不管生活別的方面有沒有起色，但只要我每天運動一個半小時，日積月累，我就會擁有好看的身材和緊緻的皮膚。努力去獲得容貌和身體上的好看，這也是一種成就。要麼變厲害，要麼變美一點，總得要一樣吧。」

這也是我的人生哲學。

於是，從那日起，我每天運動，心情好要運動，心情不好更要運動。

在那些心情不好的時刻，我一邊把生活中的委屈用流汗的方式發洩出來，一邊安撫自己說：「沒關係，我並未虛度生活，至少我在好好鍛煉身體，至少我在讓自己變得更好看，我也在為自己做一點事情。」

年少時，認知狹隘，總覺得人生那麼寬闊，那些一心一意透過運動追逐健康與美麗的人多少有點不務正業。

如今，我也成為這樣一種人。我慢慢明白，我們不是為了美而去追逐美，只是在那些難過、悲傷的情緒無處消解的時刻，需要有這麼一個發洩口來告訴自己：生活不順遂也沒關係，我們努力把自己活得漂亮，這也是一種成功啊。

前幾年，網路上有一句很紅的話——「你只是假裝很努力。」但我覺得在人間謀生，偶爾需要自欺欺人一下，需要自己提醒自己「我還蠻努力的」。就像沮喪時用力運動的我們，生活雖難過，但運動時產生的「即便當下艱難，但我依舊持續運動，在努力變美，在好好生活」的美好回饋，會讓難過時的我們覺得自己還蠻勇敢，蠻有韌性的，讓我們覺得自己還有力氣，還有勇氣，還有美好特質，還可以再去贏一次。

難過時，我們需要的從不是清醒，
我們需要的是一份寄託，是一場發洩，
是透過一些小事讓自己明白「我其實還挺棒的」。

偶爾小酌一杯，給自己一個微醺看生活的視角。

二十歲時，看著社群平台上的熟女們過節過年給好友送著各種紅酒，一邊不理解她們為何送酒（喝酒不是不好嗎？而且生活中還有更多好東西可以送呀），又一邊覺得送酒這個行為好時尚啊。

如今，我二十七歲了。前不久朋友過生日，我送了朋友一瓶有點貴的白蘭地，附帶一張賀卡，上面寫著：「並非要你酗酒，只是生活有時真的充滿無奈和想哭的瞬間，這些我都懂。祝你依舊能大步往前走。偶爾真的累了，那也有酒，有好友，有陪你酣暢淋漓痛飲一番的人。」

近一年來，我時常覺得很壓抑，內心很緊繃，有很多很委屈的時刻。在那些我沒辦法放鬆自己的時刻，在那些我真的好難過、好委屈但又無人可傾訴的時刻，走進便利商店，買瓶啤酒，買點下酒零食，就著難過喝下去，一杯杯下肚，一邊覺得這又苦又辣的玩意為什麼還有人喝，一邊又覺得在酒精的作用下，好像真的有點放鬆了。

在那個瞬間，我好像明白了為什麼韓劇裡，女主們忙碌一天回到家後的第一件事就是打開冰箱拿出一罐啤酒了。

成年人的世界裡有很多握緊拳頭無法鬆開的時刻，我們偶爾需要這樣的微醺時刻，放下工作，短暫忘卻煩惱，讓自己不要活得那麼清醒。畢竟，難得糊塗。

我很喜歡的一部電視劇《酒鬼都市女人們》裡有一句臺詞：「不是酒甜，是當生活比酒精還苦的時候，酒就甜了。」就著苦澀，飲酒下肚，第一瞬間會覺得好苦呀，但隨後想想，還蠻慶幸的，至少我們還能喝進去，那麼生活的苦，我們也一定能面對。於是，第二日起床，又是鬥志滿滿的一天。

我們都是這般帶著一點點大無畏的英雄主義生活著。

像對待深愛的另一半那樣，認真哄自己開心。

關於「如何愛自己」、「如何讓自己開心」這件事，總結成一句話就是：做自己的騎士，認真愛自己，給自己希望得到的深愛。

這世上並沒有完美的戀人，像韓劇裡那種難過時陪你吃飯、喝酒，失意時不離不棄，時不時給點小驚喜，懂你的喜怒哀樂，總能恰當療癒你的另一半，真的很罕見，甚至沒有。但不可否認的是，我們在難過與沮喪時真的很想有個人能陪在身邊，能哄我們開心。我們其實很想被人關心與愛，誰也別否認。

年少時會因為難過時沒人陪伴而委屈，
長大後明白人類的喜怒哀樂並不相通，
再深的愛也不會讓另一個人時刻如我們想像的那樣來愛我們。
慢慢學會成為那個完美的懂自己的理想另一半。
做自己的騎士，好好取悅自己。

認真想想：在你最難過時，你希望別人怎樣哄你開心？是給你點一杯令你驚喜的新口味奶茶，是請你吃一頓大餐，還是陪你看電影玩樂一場，抑或是簡簡單單聽你訴說心事？想清楚了，而後用你希望被別人溫暖對待的方式來對待自己。心情鬱悶不得解時，點一杯奶茶給自己，請自己吃一頓好吃的，看一場最想看的電影，抑或是打開筆記本，認真把自己的委屈與難過寫下來，與自己對話。

這些也是哄自己開心最有效的方法。

不必覺得這樣做會顯得很淒慘、很孤獨。越往後走，你越會明白，生活只是一場自癒自樂的遊戲，漫漫人生，沒人會把注意力時刻放在我們身上，除了我們自己。

不要總指望被別人關心，也不要寄希望於別人讓我們開心，要學會自我取悅、哄自己開心。

全心投入地打一場遊戲。

如果問男生們心情不好時會做什麼，大多數答案都是「打遊戲」。

很多人認為打遊戲就是沉浸在虛擬世界裡玩樂，是不務正業的行為。坦白說，在我沒有接觸遊戲之前，我也曾這麼認為。後來慢慢接觸了遊戲，手遊、網遊都玩過一些，雖然玩得不好，但在玩遊戲過程中感受到的某種「英雄主義」是可以滋補生活的。

遊戲裡的小人，有的只是小兵，肯定打不贏大將軍，但依舊勇往直前，衝鋒陷陣。那些起初看著不起眼的小兵，卻成了最後贏得勝利的關鍵力量。本以為他們那麼弱，走不了多遠，但他們一波波往前走，源源不斷，最後還是走到了終點。

無論小兵，還是大兵，他們都在努力向前走。像極了平凡的我們，看似不起眼，也被打敗過很多次，但只要不按下「投降」那個按鈕，便總能一次次復活，只是需要些時間等待罷了。

一時失意沒關係，一時得意也沒什麼好得意忘形，在遊戲的世界裡，我們見過太多逆風翻盤、順風崩盤的情況，不到最後一刻，誰都沒辦法確保誰能贏到最後。

即便最後的最後，輸了也沒關係，大不了再來。遊戲的機制是「不會讓一個人一直輸，不然他放棄不玩了怎麼辦」。生活亦如是，不會讓人一直輸的，你只要一直打下去，總能贏一次的。

這是遊戲哲學，也是人生哲學。

如果真的心情不好，就把自己代入遊戲的世界，看看代表自己的那個小人是如何驍勇，如何堅強，從他的身上借點力。

看一部傳記，或是看一部電影。

難過時，我特別喜歡看名人傳記。看傳記，不能只看主角的光鮮亮麗，得把他們的人生從頭看到尾，看他們是如何從一個平凡的小人物走過來的。

厲害如他們，在最初時也一樣迷茫過，大多也曾灰頭土臉過、不被理解過，大多數人最初也只是做著一份普通工作。他們厲害的地方就是非常執著與堅定，堅持做自己認為正確的事，而後取得成功。當然，故事也不會在這裡就結束了，人生哪有那麼平坦。成功後又會遇到低谷、沮喪、人生失意，然後他們靠著不屈的心性再一次次站起來。

成功——失意——成功——失意……如此反覆著。

每次看完偉人傳記都會被療癒，會覺得我好像也不是最慘最倒楣的那一個，那些偉人遇到過比我遇到的更難處理的困境與更複雜的局勢。

生活並非刻意只為難我一人，大家都如此，跌跌撞撞、磕磕絆絆走到現在。放大眼界，多看看外面的世界，就不會顧影自憐了。

有時覺得，我們也只是自己的傳記裡的一個人物。我們現在只看到自己這本傳記的二十幾頁、三十幾頁，這時的我們感慨生活艱難，卻不知道等我們的傳記翻到一百頁、兩百頁時，我們現在覺得很難的困難已經迎刃而解。

現在還沒到結束的時刻，別忙著沮喪。

允許自己脆弱。

PUA（精神控制）這個概念最近很紅。我們都在反對被他人PUA，這點沒錯，但我覺得，更多時候對我們PUA的不是別人，而是我們自己。

在以往很長一段時間，每當心情不好，我的腦中閃現的第一句話都是對自己的指責：「怎麼又想偷懶了？」、「怎麼又心情不好？」、「怎麼定力這麼差，一點小事都能讓你情緒波動？」、「怎麼這麼不堅強，遇到一點麻煩都想崩潰大哭？」、「怎麼這麼不努力，這麼不勇敢，這麼糾結，這麼脆弱，這麼玻璃心，這麼差勁，這麼不上進？」……

我們總是習慣性地去否定自己的負面情緒，總是覺得難過、悲傷、沮喪、心碎、絕望、失落這些情緒不好，我們就像自己的人生有限公司的老闆一樣，討厭著會在我們的身體內生產負面情緒的細胞員工。否定著自己，懷疑著自己，討厭著這部分自己，自我PUA著。

心情不好時，我們首先要做的就是，拒絕自我PUA。

允許自己脆弱，允許自己的情緒波動，允許自己偶爾懈怠，
允許自己的身體裡控制悲傷的那個閥門偶爾失控。
接受那個不是我們想要的那般堅強的自己，不要否定她，去聽聽她的聲音，
告訴她：沒關係，我明白在這些時刻，你感到受挫，
你很委屈，你也很難過，我都懂。

這些情緒都是正常的，不要自責，也不要沮喪，也不需要假裝堅強。你已辛苦了好久，去大哭，去崩潰，去短暫地躺平，去睡一覺，去做你想做的事。不用著急，也不必焦慮，等你調整好了，我們再一起努力，一起打好人生這場硬仗。

我最近才真正明白「給自己快樂」這句話的意思。生活這個大盲盒裡，藏著喜與悲，但我們不能完全被生活操控，被生活帶節奏，我們要學會樂在其中、苦中作樂，學會給自己快樂，學會關照自己。

不要指責自己，而要成為自己的精神支柱，成為能療癒自己的那個人，成為能給自己依靠的那個人。

自己想要的玫瑰，自己種。

自己想要的快樂，自己給。

普通人家的女孩，不能輸

早上起床，照著鏡子，看著連續熬了兩夜、臉上有著遮不住的疲憊的自己，我跟朋友說：「我發現人真的不能熬夜啊。年紀小時還不太明白，如今稍微辛苦一下、睡眠不好一點，第二日起床就會肉眼可見地蒼老與疲憊，好似老了十歲。」

朋友調侃我：「凌晨一點睡，還能定個五點的鬧鐘說起就起，然後對著電腦工作超過十二個小時，頂著巨大壓力寫完一萬多字的報告，不蒼老才怪。」

我只笑笑說：「那也沒辦法，就是有好多事等著我去做啊。」

朋友回一句：「那你為什麼要把自己弄得這麼辛苦呢？」

並非我喜歡吃苦，
只是普通人家的女孩，不能輸。
無人在身後撐腰，也沒有鋪好的路。
想要的一切，無論是好的工作，
還是好的愛情、好的人生，
都只能靠自己去爭取，
用努力換一份稍微不錯的人生。

這個問題，我問過自己很多遍，也曾不止一次因為這個問題而委屈過。

前幾日，各種事務一下子全湧過來，我覺得壓力很大。每日一睜開眼，腦子裡想的都是今天的待辦事項：完成一萬多字的報告，在截稿日期前交完剩餘稿件，要開幾個會，還有課堂報告需要我去完成。

在面對如山的待辦事項時，我腦中的第一想法的確是「逃避」。不止一次僥倖地想著「要是此刻有個人能來幫我一起完成這些就好了」，也認真地在腦中搜尋過有沒有這樣的人，而後發現這世上並不存在能幫我完成這些任務的人。

只能自己硬著頭皮去做。

在看了很多資料但依舊沒找到我想要的素材時，感到很焦躁，最崩潰的時候，真的好想把電腦摔了，不幹了。面對電腦，一個字一個字敲著，一邊敲，一邊覺得自己寫得很差時，也曾懷疑過自己，腦中也曾閃現過：「我這麼做到底有沒有意義，我寫這些真的不是在浪費時間嗎？」也曾很難過地想：「同為女生，為何別人的生活那麼容易？」也曾問過自己很多遍：「我為什麼要讓自己這麼辛苦？」

但無論當下是焦躁、委屈，抑或是崩潰，我都沒想過要放棄。

我很熟悉也很擅長處理自己的這些情緒，如以往般，一邊安撫著它們，告訴自己再堅持一下，此刻不是罷工的好時機，一邊鼓勵自己一定要在deadline之前完成工作。

我以前以為我是一個很擅長堅持的人，所以不怕辛苦，不怕壓力，不管遇到什麼，都咬緊牙關，挺過去。

我並非真的不怕辛苦，在那些時刻我也感到疲憊、難受，想逃，沒逃跑還繼續的原因只有一個：這是我自己的人生啊，若我不堅強挺住，不努力進取，可能我會因沒做好這件事而錯失很多機會，甚至會破壞原有的生活秩序；可能逃跑一次，下次再遇到這樣的情況我還是會逃，如此下去，總有無路可逃的一天，總有一天會吃更多的苦；以及，這雖是人生中很小的一環，但人生有蝴蝶效應，若放棄，若隨便搞砸，若每次都這般，我想要的遠方要如何到達？

並非我喜歡吃苦，只是普通人家的女孩不能輸。無人在身後撐腰，也沒有鋪好的路。想要的一切，無論是好的工作，還是好的愛情、好的人生，都只能靠自己去爭取，用努力換一份稍微不錯的人生。

又哪敢輕易放棄。

你問：把自己弄得那麼辛苦，不會覺得委屈嗎？

也會。只是那份委屈，從來不是因為辛苦。

那份委屈來源於對比。

同樣在最美好的年紀，我們比別人努力，比別人優秀，比別人更認真地生活，但憑什麼別人能活得那麼輕鬆，讀書時只需好好完成學業，工作時只需按部就班完成工作，不需考慮太多現實的東西，不需考慮房價與房貸，不需考慮每個月要存多少錢，不需考慮要怎樣工作才能賺更多錢，因為房子、車子、工作，甚至是他們的未來，早已被鋪好了路。

那份委屈大部分更是源於「普通」。在有些人的眼中，家庭普通這件事本身就是原罪。

這些人可能是工作中遇到的主管，他們擅長看人給臉色，對家庭背景好的孩子和普通人家的孩子是兩副嘴臉；也可能是談婚論嫁中遇到的勢利親戚，一旦發現女孩來自普通家庭，那麼不管這個女孩再優秀、再努力、再上進，他們在心裡都認為「不太合適，她可能是看中我們的錢」。

因為「普通」，原本真誠的愛也被懷疑，好似普通人家的優秀女孩就不配擁有愛情。難道真誠喜歡一個人是你們這些所謂的比我們多活了幾十年、多賺了些錢的人的特權嗎？你們又憑什麼覺得四十年後，到了如你們般年紀，我不會比現在的你們過得更好呢？你們憑什麼因為別人家境普通就否定別人父母的能力，就去看低別人家腳踏實地把自己的子女養得很好的父母？

「普通」本身已經夠讓人受盡委屈了，又怎敢不努力？

有朋友說我用力過猛了，每日要麼忙學業，要麼忙寫作，要麼忙工作，從不給自己喘息的機會。他問我：「難道你不覺得累嗎？」

當然累。

但是，向上的路，哪一條不難走。

在成長路上，我也聽過類似「女生活得漂亮，不如嫁得漂亮」的言論，也有人跟我說過「與其自己那麼辛苦賺錢，不如多放點心思在戀愛上，找個條件好點的人嫁了」。

找個男人嫁了，普通女孩的人生就會變好了嗎？

不會。

我始終覺得，每個人都有他自己的人生難題要去解決。換句話來說，眾生皆辛苦，大家都有自己的人生江湖要應對。你眼中看起來無所不能的男人也有他要應對的工作焦慮、生活焦慮、年齡焦慮，他們也有壓力大到喘不過氣來的時候。我們每人周全自己的人生已屬不易，沒人能十年如一日地以你的感受為核心、背負你前行。人都是會有怨言的。即便這個人此刻再深愛你，十年如一日，你倚靠著他，整個家庭都倚靠著他，久了，他也會有怨言的。人性有時很無私，但有時也是很自私的。

倚賴別人的人生，本是一件辛苦的事。

看他人的眼色，伸手向別人要錢，累嗎？將自己的未來寄託在另一個人身上，擔心對方變心，擔心感情出變故，擔心自己不被喜歡，猜忌又患得患失著，累嗎？成為家庭主婦，失去經濟話語權，放棄工作，開始相夫教子的生活，忍受著教不好小孩被親戚指責，每日深陷各種婆媳關係、柴米油鹽的閒言碎語中，累嗎？

一句話，無論選擇怎樣的人生，總是辛苦的。每條路都有各自的辛苦，哪有不累的人生。

既然勞累無可避免，那我就選擇那種我可以接受的勞累方式：靠自己。

我總覺得，每個人要面對的人生困難分量是固定的，你此刻不去承擔、應對本該屬於你的人生苦難，那麼那部分你逃避掉的苦難，你以後也還是得承受的。不要指望旁人的到來真的能幫我們解決絲毫煩惱，真正能拯救我們的只有我們自己。

你問：「身為一個女人，不懂示弱，不懂服軟，不懂依賴，活得那麼硬、那麼堅強，活該辛苦，如此這般，還需要愛情幹嘛？」

要愛情嗎？要。成為一個堅強的人與成為一個值得被愛的人，這二者並不衝突。

我始終堅信，只有過好了自己的生活，讓自己開心，再和另一個人在一起，兩個人才會更加開心。

愛情終究不是一個人拯救另一個人的遊戲，
兩個人大多數時候都能處理好自己的生活，才能快樂地在一起。
在那些沒辦法處理自己情緒的少數時刻，
我們就互相陪伴，互相支撐。

當然，一段愛情裡肯定有不同和矛盾，
只有快樂大於難過，美好大於崩潰，這段感情才能長久。

可以依賴愛人嗎？也可以。但你不能只依賴他，最好你也能成為被他依賴的人。我理想中的那個人，既是愛人，也是我人生的長期合作夥伴。

戀愛之前把好關，選擇那個能成為我人生長期合作夥伴的人在一起。在一起後，各自完成各自的工作，需要幫助時拉彼此一把，情緒失落了互相鼓勵，能一起吃喝玩樂，也能一起認真工作。而一直以來，我在做且必須做的是，不因為有這段愛情，也不因為有這個人的寵愛就自廢武功，不把自己人生變好的期望寄託在對方身上，依舊努力，依舊向上，依舊自己賺錢搞事業。

不把生活壓力都給對方，也不限制自己的人生發展。始終保持努力，保持奮進，保持自己對生活的主動權。

如果有人問：普通人家的女孩一定要那麼好強，要讓自己那麼辛苦嗎？

不，也有別的選擇。也可以選擇讀個差不多的大學，找個差不多的工作，嫁個差不多的老公，過著差不多的生活，如大多數人一般。

普通人家的女孩，也並不一定就比其他女孩過得更辛苦。普通人家的女孩，不是不能輸，而是如果你不想這輩子就只是一個普通人家的默默無聞的普通女孩，你就不能輸。

我看過一段話：

「常常在撐不住的時候，也想找個靠山靠一下，可怎麼找都會發現，有的山長滿荊棘，有的山全是野獸，所以你應該是自己的那座山。」

說到底，女人還是要自強，努力成為一個有力量的人，擁有不容易生病的身體、夠用的收入、養心的愛好，以及強大的小宇宙。不一定要成為生活的強者，但也不要讓自己變成在生活的泥潭裡苦苦掙扎的人。

人生這塊田，好好種，種什麼都會開花結果。

你要先接受自己，世界才會愛你

我從小胃口好，不挑食，簡單的濃湯泡飯我都能吃兩碗。我的父母也覺得孩子能吃是福氣，把所有他們覺得好吃的東西都往我的胃裡塞。所以，我從小就胖而結實。

上中學時，班上那些瘦瘦的女孩都收過男孩子的情書，我沒收過。更過分的是，那些十四五歲的男孩子們總笑我是個小胖子。我畢竟是女孩子，自尊心強，也曾因此自卑過。但那時我爸媽怕我減肥，總時不時提醒我減肥傷身體，讀書壓力大，不能營養跟不上，此時不是減肥的好時機。

聽久了，我就相信這段說辭了。

你得喜歡你原本的樣子，
不要抓住鼻子是否不夠挺、
臉是否不夠小這些細節憂慮，
更不要為此自卑。

相信自己是獨特的，
而後挺直腰板，
大方、自信地站在人前展現自己。
別自卑，也彆扭捏，更別畏畏縮縮，
抬頭挺胸、大大方方去做你想做的事。

大學時期，我也曾短暫地試過各種減肥方法，買了不少品牌的燕麥做減肥餐，均因不好吃而放棄，也吃過一陣子蘋果晚餐，但只是一時興起，興頭過了，也就放下了，而後依舊大口往嘴裡塞炸雞、燒烤、漢堡。

每次都是花三天時間減肥，而後用五天犒勞自己。也曾減下幾公斤，但還是跟瘦沾不上邊。很長一段時間我都是這樣微胖地生活著。

二十五歲生日當天凌晨，我替自己拍了一張照片，看著鏡子裡憔悴且胖胖的自己，我突然很討厭。我突然意識到我已經二十五歲了，離我的少女時代越來越遠，而我在最美好的少女時代竟然沒有活得很漂亮，我都沒有為自己留下一張很瘦、很好看的照片，真的好遺憾，也好難過。

二十五歲生日當天，我對自己許諾：我一定要讓自己在人生還年輕的時候，很瘦地活一次。如今回頭看，這個願望真的很稚嫩、很不成熟，但在那個瞬間，我是真的很想很想變成一個瘦瘦的、好看的女生。

為了實現這個願望，我做了一系列很瘋的減肥嘗試。我在網路上搜尋各種減肥方法，看到那些寫著「七天瘦三公斤」、「半個月瘦五公斤」的文章，一邊振奮地讀著，一邊躍躍欲試。在那時，我壓根沒想過這些文章裡的方法到底有沒有科學性，我只想瘦下來。

我用了極端的方法，不吃一粒米飯，不吃一滴油，一天只吃玉米，一天只吃雞蛋，一天只吃蘋果，一天只吃青菜，一天只吃雞胸肉，一週五天瘦了三公斤。而後休息幾天，吃點正常的食物，再來五天這樣的飲食；再休息幾天，再來一輪……

如此差不多進行了四輪，用了接近兩個月的時間，我瘦了十公斤。不知是因為我從小營養過剩，還是因為在減肥那段時間，就算吃得單一，每次也都能吃飽，總之，在我的身體各方面機能依舊正常運轉的情況下，我瘦了十公斤。

我知道這種方法不太健康，也蠻難實行的。在我減肥那段日子，我的父母不止一次問過我：「你不會餓得難受嗎？」、「你怎麼控制得了不吃啊？」我想說的是，不要小瞧一個女人變瘦變好看的決心。

在我瘦了之後，身邊有人說：「你這是靠餓瘦下來的，體重以後還是會反彈，你會更胖。」但兩年多過去了，我也沒胖回來。

並非快速減肥法減掉的是真的脂肪，所以我沒復胖。不是這樣的。我心裡清楚這種快速減肥方法不能持久，於是，在瘦掉那十公斤後，我依舊每日控制飲食：正常吃飯，但盡可能吃得健康，用地瓜、玉米代替米飯，用牛肉代替豬肉，多吃青菜，少喝我原來最愛的濃湯，每日持續喝夠兩千毫升的水。

我開始運動，每日要麼跳舞，要麼跑步，要麼跟著健身影片運動一小時，要麼堅持走五公里。

旁人只看到了前半部分故事，看到我在很短時間內的瘦身效果，他們以為減肥是速成的事，咬咬牙、吃少點就能達成。

故事的後半部分，我並未告訴過任何人。

我並未跟他們說，最初吃著少油少鹽的食物，真的是食不知味，難以下嚥；我也沒說過，我也曾有過倦怠的日子，每日持續運動真的好辛苦；更未告訴過他們，走在大街上，聞著烤肉串、甜點的香氣而不買來吃，真的是一件很需要毅力的事。

這些我都沒說過。

起初是不敢說。我怕跟他們說我減肥辛苦，他們會心疼我，會勸我說：「生活都這麼苦了，何必為難自己？」、「你都自律這麼多天了，今天出去吃一頓火鍋不為過吧？」、「一天不運動也沒關係，覺得累就休息一天吧。」……

我知道我不是一個自制力很強的人，我知道我受不了美食的誘惑，所以乾脆把這部分辛苦好好藏住，不漏出破綻，假裝我很喜歡吃得健康這件事，也就不能被擊破了。

我們原本是可以很堅強、很挺得住的，
但常常會被他人的一句心疼搞得突然難過起來。

當我們在很辛苦地堅持做某件事時，
我們不怕辛苦，而是怕別人覺得我們很辛苦。

後來是不願說。當我每日吃著清淡的健康食品，持續運動，多喝水，生活得很健康，我突然喜歡上了這種狀態下的自己。

這樣的飲食方式讓我的胃變得挑剔，偶爾跟朋友出去吃一頓火鍋或燒烤，第二天一定會不舒服，拉肚子。

久而久之，我對那些所謂的「美食」沒有了太強烈的欲望。偶爾想要吃燒烤，就去買肉質好的牛肉，切塊，抹上胡椒、橄欖油、孜然粉，加一點天然辣椒粉，醃製好，放進烤箱烘烤，既能滿足味蕾，也健康。喜歡吃炸雞，時不時也會自己做，買的是雞胸肉，切塊，幫它馬殺雞一番，裹上麵粉，放進氣炸鍋炸。

依舊會犒賞自己，但犒賞的方式由大口吃高熱量食物轉為大口吃健康且自己喜歡的食物。吃得健康，自然身材健美。

我不否認，瘦身這件事真的挺辛苦的，熬到那個享受瘦的階段，蠻艱難的。

但我始終覺得，人生很多時候，不能只做自己喜歡的事，也不能只吃自己喜歡的高熱量食物，更多時候，還是得多吃點能滋養我們的食物，還是得做點可能辛苦、可能我們不喜歡，但能真正滋養我們的事。

瘦身這件事也如此，若你真的很想瘦，得有豁出去讓自己變好看的決心，有堅持運動、堅持吃得健康的毅力，有相信自己如果少吃多運動、持續下去總能瘦下來的信念。

如今，我維持了很健康的身材。雖然我的體重很久沒降了，我離那種很瘦的美女依舊有距離，但我已不再追求變瘦這件事了。

我不再說自己還不夠瘦、還要再瘦一點這種話，更不會盯著自己的大腿或腰間那點肉不放，發誓一定要將之消滅。

我開始接納自己，開始接納身上的那一小部分贅肉。我不再單純地追求很瘦很瘦的樣子，我喜歡那種很有力量的緊緻的身型，如大多數運動型網紅那樣。

我慢慢喜歡上了當下的自己，不一定很瘦，不一定擁有翹翹的臀部，不必須有小蠻腰，也不是非得有巴掌大小的精緻臉蛋。當我對著鏡子、對著鏡頭、對著生活發自內心地積極自信地笑著時，我覺得這樣的自己還蠻好看的。儘管笑的時候臉顯得很大，但真的很好看。

我理解那些如曾經的我般追求完美體重數字的女性們，但我希望有一天大家都能明白：要變瘦，但瘦不是最終目的。健康生活，認真吃飯，接納自己，積極美好的你才是最美的。

上週跟我的大學老師一起吃飯，我們有三四年沒見過面了，按照自然生長的規律，狀態、容貌等肯定比三四年前稍差些。令人驚喜的是，再見面只覺年近四十的老師狀態越發好，也越發優雅。

她穿著米白色大衣，裡面配著淺色毛衣與很顯優雅氣質的白褲子。她向我走來那刻，有種韓劇裡的氣質女神走出來的感覺。毫不誇張，當時只覺她真美、真優雅。

按照人們現今的審美觀，老師跟我都不屬於臉型很好看的那一類，我們的下顎稍寬，稍不注意搭配就要出問題。

年少時，我一度因自己臉型不夠好而自卑，想著自己怎麼就長了那麼一張大臉呢。

幾年後，再次見到老師，看到她不僅未顯年老，狀態還愈加好，愈加優雅，突然悟到：臉蛋好看很重要，但沒有完美臉蛋也並不證明就不好看。

人生是一場持久戰，再美的臉蛋在歲月的摧殘下也會失去光芒。

十八九歲時的確容易做到美麗動人，待到三十歲，容貌失去了些許光澤，屆時看一個人是否漂亮，除了看臉，還要看氣質，看姿態，看社會價值。

年少時，總愛盯著一張臉看——眼睛夠不夠大，眼距是不是太寬，鼻子是不是不夠挺，臉形是不是太大……總愛盯著臉上的那點不完美放大了看。

如今，我日漸成熟，見過越來越多在少女時代長得不算好看，但隨著時間沉澱擁有了優雅氣質的女性，終於明白了「氣質美」、「優雅美」為何物。

所謂氣質美，是你首先得接納自己的長相，你得喜歡你原本的樣子，不要抓住鼻子是否不夠挺、臉是否不夠小這些細節憂慮，更不要為此自卑。

相信自己是獨特的，而後挺直腰板，大方、自信地站在人前展現自己。別自卑，也彆扭捏，更別畏畏縮縮，抬頭挺胸、大大方方去做你想做的事。

按照大眾的審美觀看，網路上做自媒體的很多女孩長得不精緻、不好看。她們有的臉很長，有的臉很大，有的眼睛很小，有的身上有贅肉，但她們穿細肩帶，穿好看裙子，穿休閒運動裝，穿漂亮高跟鞋，大大方方有自信地笑。

每次看到她們那般大方，都有種自己的人生好像也有救了的感覺，原來世俗意義上的不漂亮女孩也可以很美、很優雅、很迷人。

她們跟我們一樣不是大眾認為的那種美女，但夠大方、夠有自信、夠綻放、夠優雅、夠有氣質。我們在她們的身上看到了自己本來的樣子，也看到了自己未來可以成為的樣子，所以我們會喜歡她們。

那些我們所欣賞的人身上，有著我們嚮往但又沒有的特質。

當你有自信，你就擁有了自信美；當你大方，你就擁有了大方美；當你發自內心地覺得自己美，你會真的越來越美，慢慢地，別人也會覺得你很美。

自信，是第一步。

之前有一次參加男友家的家庭聚會，第一次見到他的大阿姨，只看了一眼，就覺得她好優雅。她六十多歲了，但身材依舊保持得很好，穿著緊身旗袍和高跟鞋，舉手投足溫柔又透露著涵養。

吃完飯，他們聚在一起聊天，我和男友去周邊逛了一圈。再回來時，推開門的一瞬間無意間瞥到了大阿姨坐的椅子，發現她始終保持上半身挺拔，屁股只坐了凳子的三分之一。

我讀高中時，社群平台剛流行。少女們愛美得很，追蹤了一堆「氣質女人訓練營」、「氣質女人愛穿搭」、「教你做一個氣質女人」之類的粉絲專頁，收藏了一堆「氣質女人坐姿指南」，其中有一條就是「氣質女人坐椅子都只坐三分之一」。有那麼一陣子，班上的女孩們把這句話當聖經，每次坐椅子都端端正正，只坐三分之一。但保持這個坐姿是很累的，要提氣，要挺腰，要始終發力，當然沒有隨意坐著舒服。

於是，這陣氣質女人風在我的少女時代刮了一陣就散了。

十多年後，看到精力充沛的年輕女孩們都沒辦法堅持的事，由六十多歲的男友大阿姨保持下來，只覺欽佩。

這世上沒有天生氣質優雅的女性，優雅氣質都是後天一點點練成的。你眼中優雅女性的背後，是她日復一日地在堅持做一些美好的事情。

想要優雅、有氣質，那就繃緊身板，自信、大方地去練習那些能讓你變得優雅的方法。也許最初做這些會覺得彆扭，但你要相信，每日累積就能自然而然地成就美與優雅。

我在社群平台上寫過一句話：拉長戰線，保持自律，五年後、十年後，變化就產生了。

變美、變得有氣質亦是如此。拉長戰線，多去做一些美好、優雅的事，五年後、十年後，你也能成為你嚮往的那個優雅女性。

祝你永遠長一張沒被生活欺負過的臉，還敢愛，還有力氣失望，還有想幸福的念頭。

時間在發酵，我們的臉上留下了歲月的痕跡，疲憊、滄桑、恐懼、焦慮、害怕被傷害……我們戴久了恐懼與滄桑的面具，久之，那份疲憊與滄桑刻在了我們的臉上，如何也去不掉。

老人們總愛說：看一個女人的面相，就知道她有沒有福氣。世人愛說面相，我想，他們口中的面相只是我們內在的情緒日積月累後在臉上的反映。就像那些總擔心失去的女性，與之短暫交往一番，我們就知道她是一個軟弱與敏感並存的人。

有些女性長相雖美，但每每看到她們，總覺得她們的臉上帶著一股戾氣，不想靠近她們。還有一些女孩長得還不錯，但一眼看去，只覺得不夠大氣，有股無關長相的小家子氣。

與生活交手越久，我們臉上的生活痕跡越明顯。想要美得大氣、端莊、持久，除用運動保持體態外，還需修心，擁有一個好心態。

我有一個很好的女性朋友小茜，大學畢業那年，她考研究所失利，她的男友則順利考上研究所，男友父母覺得她配不上自己的兒子，逼著他跟她分手，他照做了。

這段人生經歷放在一般女生身上，她們肯定又挫敗，又自卑，又失意，說不定要花很長時間才能走出這段感情。小茜也傷心，但她不頹廢，原本已在男友所在城市找好了工作的她，連夜收拾行李離開了那座城市。

她到了另一個城市，二度挑戰考研究所。一年後，她成功考取。

她沒有因為這段感情消沉，反倒帶著「你家覺得我配不上你，但我離開你照樣閃閃發光」的力量努力綻放，她在社群平臺上分享自己美好生活的樣子。第二年，也就是她碩二那年，前男友特地來找她複合，她毫不猶豫地拒絕了。

她繼續好好念書，認真生活。

碩士畢業後，她繼續攻讀博士，而後遇到了她現在的先生。他在全國排名前五的大學任職，沉穩、踏實、成熟，對她很好。博士期間，她生了小孩，儘管如此，她依舊努力按時畢業。如今，她已是一名大學老師。

前不久，我和她一起吃飯。儘管已三十有加，她依舊穿得粉粉嫩嫩，打扮得像一個公主，很有活力，也很美麗，絲毫看不出是一個四歲小孩的媽媽。

曾有段時間，我的生活遇到了很多難題，我的狀態很差，我試著去找她聊天傾訴。我問她：「到底要付出怎樣的努力，才能如你這般永遠積極樂觀向上？」

她緩緩回我：「其實我遇到困難也會難過，只不過我一直在積極的替自己做心理建設。大年初一那天，我在社群平台上傳了一張深夜讀書的照片，配文『大年初一我是這樣度過的，只求開年有個好收成』。你在底下留言我在大年初一依舊如此沉穩努力，但是，你不知道的故事的B面是，那晚我公公病了，先生去醫院照顧公公，留我一人在家。本應熱熱鬧鬧的美好新年，親人卻生病，我的心裡也難過，也想過『新年生病，多不好』，但我馬上打消了這個念頭，選擇積極面對生活。哪會總是美好的瞬間，我只是比較擅長調整心態，將不順變成和順。況且，怨氣積多了，也會變醜，不可，不可。」

這些年，她都如是，我從未見她抱怨過，常態是她低頭努力，然後令人驚喜地閃亮出現，狀態越來越好，人也越來越美。

我喜歡這種沉靜而努力的女子，每次跟她說話、相處，只覺內心寧靜。

我發自內心地覺得她很美，長得美，活得也美。而她的這一切美好，肯定離不開她積極美好的心態。一個能長久保持好看的女人，心態肯定是很好的。

如何修煉心態？

一句話：凡事多往積極美好的方面想。

有種觀點認為人的大腦會對自己畫像，也就是設定「自我人設」，慢慢地，我們會越來越長成那個模樣。

這一觀點有無科學依據尚有待探討，但從日常生活的角度看，這一觀點還是有幾分道理的。

與前幾年很紅的一個觀點的內在邏輯是一樣的：每天早上起床後跟自己說一句「你真美」，你真的會慢慢變得越來越好看。

我們可以透過反覆的積極心理暗示，讓自己成為想成為的人，這是所謂的積極心理暗示法。想像自己要成為一個怎樣的人，那個人是怎樣說話、怎樣工作、怎樣生活、怎麼吃飯、怎麼走路，面對難關與困境又是怎樣處理的，然後如我們想像的那樣去生活、工作、學習，去努力。久而久之，我們慢慢就會成為自己想成為的那個人。這是我一直以來的人生方法論。

祝你也能如你所願地生活。

人要美，也要活得美。

生活終究不是靠幻想和浪漫就可以過下去的

和朋友吃飯期間，她突然說：「真想身邊有個條件很好的男人。跟他在一起，我的人生煩惱迎刃而解。我也不需要多麼努力工作，工作實在不如意了，大不了辭職回家。」

沒等我接話，朋友自顧自地又說：「我現在真的覺得努力沒什麼用。努力工作再久，生活也不會有多大起色，但如果找一個條件很好的男人嫁了，很容易有機會跨越階層。」

緊接著，她跟我分享起她在網路上看到的網紅們的日常人生。她說，她追蹤的一個網紅每天的生活很美好，上班輕鬆，經常在社群平

無論女人還是男人，
都會更喜歡優秀且美好的人。
人性是很自私的，
人類喜歡強強聯合，不喜歡被拖累。

人類都喜歡美好的事物，
所以，當你積極美好時，
你有更多可能遇到積極美好且欣賞你的人；
而當你的生活一團糟，每日焦慮沮喪，
當你都沒辦法搞定自己的人生，
寄所有希望於別人來幫你搞定人生時，
你很難遇到愛情，也很難吸引異性。

台上分享男朋友送的東西，時不時拍拍美照。

朋友用充滿羨慕的口氣說：「那個網紅的衣服、包包、鞋子都是她男朋友買的。你說這世上為什麼有人能活得這麼輕鬆。」

起初，我還想跟她說點什麼。到後來，我在一旁不吭一聲，聽著她抱怨自己的人生以及羨慕別人的愛情與生活。

我明白，她最近狀態不太好。研究所畢業幾年後生活沒半點起色，每日扮演著麻木的社會人的角色，加上工作壓力極大，相親也一直不順，她的內心很失落、著急。

這些我都懂。

但我不能接受一個女人把自己的人生幸福全部寄託在找一個男人這件事上。難道當下不順遂的我們找了個男人，生活的煩惱就真的會完全消失嗎？難道談了場戀愛，我們的人生就會變得更好嗎？

不，不會的。

二十歲出頭時，面對雜亂的生活，我也曾抱怨過，也曾很希望有個男人能出現拯救我的人生。

我希望遇到一個成熟且多金的男人，他能保護我，在我被生活、工作打倒在地上時，他能如電視劇裡的白馬王子般幫我解決所有煩惱，讓我沒有過多工作和生活壓力；他要有一定經濟能力，要對我很大方，要買衣服給我、買首飾、買包包、買鞋子，要帶我去所有網美店打卡，要帶我去全世界各地玩；他還要對我態度很好，總能及時察覺到我的小情緒，然後哄我開心；他要很愛我，要給足我安全感……

如每一個二十歲出頭的女孩般，我也曾對戀愛抱有這般不切實際的美好幻想。

但是，後來我慢慢發現，這世上並不存在這樣理想的另一半。至少大多數在人海中掙扎的普通人遇不到這樣的另一半。

在人間謀生，男性們面臨的壓力與困境並不比女性們少。一些女性在面臨壓力時幻想遇到多金又溫柔的男人，那男人們呢，在被生活和工作壓到喘不過氣的時刻，他們的內心是否也曾想過「我要找一個家庭條件跟我差不多，能力跟我差不多，甚至更好一點的女孩結婚，如此我的生活壓力就會小一點」？

我無意苛責這些男性或女性，只是覺得，人性都一樣，我們都想追求更好的人生及更自如的自己，無可指責。況且，在這競爭激烈的都市，人人都有自己的難關要過，顧全自己已屬不易，怎能寄希望於另一個人時刻抽出精力來拯救我們的人生？

這不實際。我始終覺得，當我們自己處於很糟糕的狀態時，寄希望於另一個人出現來拯救自己的人生，是非常幼稚的想法。

這世上，無論女人還是男人，都會更喜歡優秀且美好的人。人性是很自私的，人類喜歡強強聯合，不喜歡被拖累。人類都喜歡美好的事物。

當你積極美好時，你有更多可能遇到積極美好且欣賞你的人；而當你的生活一團糟，每日焦慮沮喪，當你都沒辦法搞定自己的人生，寄所有希望於別人來幫你搞定人生時，你很難遇到愛情，也很難吸引異性。

即便在荷爾蒙的作用下差異很大的兩人一時在一起了，然後呢？

那些被一時避開的現實問題，不會因為你們在一起而消失，最終還是會顯露出來。

生活終究不是靠幻想和浪漫就可以過下去的。

朋友帶著羨慕的語氣問：「為什麼有些人的生活看起來那麼輕鬆、美好？」

我回她：「這世上沒有誰的生活只有輕鬆與美好，每個人的生活都有過一地雞毛。」

朋友繼續說：「但是我看那個網紅的男朋友對她真的很好，買包包、買鞋子、買衣服給她，她沒有太多的經濟壓力，不需要多麼努力工作。」

我說：「任何一段感情都有讓他人羨慕的地方，也有矛盾與分歧。不要把在社群平臺上看到的美好生活當作真實，這只是別人故意展示給大眾看的，故事的B面誰也不知道。而且，手心朝上接受另一半的饋贈，一次、兩次是甜蜜與幸福，時間長了，並不會是多好的體驗。」

朋友回我：「但是那個網紅粉絲並不多呀，每篇貼文底下也就五十多則留言，不像那些動輒幾百則留言的ＫＯＬ，她應該不是那種立人設的意見領袖，不需要故意只展示給別人自己生活的美好部分吧。」

我並未再回答她這個問題，回答她的問題給我一種「叫不醒一個裝睡的人」的感覺。

從我的專業傳播學的角度來講，就連在人們記錄日常生活的私人帳號裡，大家都只展示自己生活的美好部分，有意無意地立著人設，何況是粉絲專頁呢。

五十多則留言，算不上很紅的網紅，但至少也有幾十萬粉絲。認真展示一下自己美好與積極的生活，吸引些像我這個朋友那般羨慕其生活與愛情的年輕女孩們，多一些粉絲，接幾個廣告，收入就抵得上上班族一個月的薪水了。

我相信她們的生活裡肯定有很多美好的東西，但我也很清楚當網紅不是一件容易的事，過程中充滿了辛苦，有內容焦慮、流量焦慮，還要時刻承擔被陌生網友罵的風險，精神壓力很大。

所以，不要過分羨慕別人的生活。每個人的生活都如人飲水，冷暖自知，有好的，也肯定有不好的地方。有的人在喝到苦的水時會直接說真苦，有的人會接受自己的選擇，苦也好，甜也罷，都吞下去，不抱怨，依舊熱愛生活，努力往那杯原本苦的水裡加點甜。

從命運手中拿過來的水究竟誰的更甜，誰的更苦，我們不知道，故事的B面誰都不知道。旁人的生活未必真如我們想的那麼好，我們的生活也未必真的那般不堪。

唯一能確定的一件事是：我們都在努力且認真地生活著。

前幾日，跟一個姐姐聊天。我說：「我很喜歡錢，所以努力工作，拚命賺錢。但我身上特別奇妙的一點是，我雖然愛錢，但沒那麼喜歡父母或另一半給的錢，我更喜歡靠自己努力賺來屬於我自己的錢，所以有時我會懷疑自己是不是活得太堅硬了。」

那個姐姐回我一句：「你只是沒有安全感，活得太清醒了。因為太明白世事易變，怕出現什麼變故，所以比旁人更堅定地相信『緊緊握在自己手裡的，才是真正屬於自己的東西』，這是好事。」

二十歲那年，我開始正式寫作，無人可依靠，也無人撐腰，不知道自己究竟能走多遠。我靠著堅持和所謂的天賦，一個一個關卡闖著，抓住我能看到的每一個機會，認真和身邊每一個寫作的同行與朋友搞好關係，卑微過，膽怯過，委屈過，崩潰過，被看輕過，也因為寫的東西被罵過，真的很辛苦過，但還是走到了現在。

這段無人可依靠的經歷，讓我徹底獨立。

我真的很怕再回到那什麼都沒有，只有一腔孤勇與真心的二十歲了，我不想再體驗那種不被認識、不被理解，也無人可幫的孤獨無助感。因為一無所有過，所以在好不容易得到這一切後備感珍惜。

儘管當下生活有艱辛，有疲憊，也有人跟我說「累了，那就休息一下呀」，但我真的不敢，也不願意因為一時的疏忽與放鬆而自廢武功。

我的腦中從來沒有閃現過「要不找個男人嫁了，輕鬆過一生」的想法。我總覺得，職場雖難混，但婚姻這個戰場未必會更容易闖，老闆難伺候，但手心朝上向男人要錢的日子，未必會更好過。

總之一句話，各處的生活有各處的艱辛，無所謂「更輕鬆的人生」一說。

於我而言，江湖再難混，打下的疆土都是我自己的。我喜歡透過付出勞動獲得報酬時的滿足與心安感，我需要屬於自己的東西。

看似活得太堅硬，但在這個易變的社會，這個不放棄事業也不放棄自我的姿態恰恰能讓我們活得更幸福。當然，對於那些更看重家庭的女性，我尊重她們的選擇。

希望大家選擇家庭不是因為職場太辛苦，不是為了逃避工作壓力，而是因發自內心地熱愛而做出的選擇。

有一句很浪漫的話——「逃避可恥，但是有用」。其實我一直不太認同這句話。很多時候，我們此刻逃避、糊弄過去的東西，並不會真的被糊弄過去。總有一天，我們糊弄的東西、我們沒解決的麻煩、我們沒克服的心魔，會以一種新的形式重新出現在我們的面前，逼著我們去面對，而這次我們需要付出比我們當初處理它所用的更大的氣力與心力。

逃避沒用，得去面對。生活中的很多事都如是。

做決定前，認真去選；選擇後，坦然接受，別去抱怨。或好，或壞，都先接著，再慢慢想辦法將壞事變成好事。

努力改變事情發展的方向，或是爭取別的更好的機會，或是提升自己，都可以，總之要想辦法將生活變成你想要的樣子。

近兩年我才明白，每個人面對的生活其實差不多，但總是有人把生活越過越好，也總有拿著相同一把牌卻打得稀爛的人。我們以後過得好不好，不取決於眼下的生活如何，也不取決於我們是否能找到那個可以護我們周全的另一半。

跟任何人在一起，在任何地方生活、工作，都擁有逢凶化吉、變糟糕為美好的能力，才是我們幸福的根本保障。

幸福的密碼在我們自己的手上，關鍵是我們自己要想明白。

再堅持一下，結果可能就不一樣了

最近，我報名了舞蹈班，開始學跳舞了。

舞蹈老師問：「你之前有舞蹈基礎嗎？」

我答：「沒有。」

舞蹈老師笑了笑說：「沒關係。前面幾節課可能會比較難受，會有點挫敗感，但只要你堅持跟下去，後面會越來越順暢的。」

我說：「好。我會把這件事好好做下去的。」

有女性朋友聽說我開始學跳舞，問了我一些問題。

有女孩說，她也想學跳舞，但還沒等我接話，她又說：「算了，

讀書時代，特別愛說
「走自己的路，讓別人去說吧」；
如今，早已不在意旁人說了什麼，
更把這句話改為
「走自己的路，也別操心別人的人生」。
我不吝於讓別人知道我在做什麼，
但我也不再願意花費力氣
去告訴別人做某件事是多麼值得。
那些與我無關，
我只管塑造我自己，也只能塑造自己。

我肯定無法持續，之前辦健身房的卡，一年也只去了一次。」還有女孩說，她也好想認真學一下舞蹈，但她覺得自己很忙，沒時間去。更甚者，有女孩說，舞蹈教室離住處有點遠，每日走過去還要二十分鐘，即便很心動，但還是敗給了距離。

我在一旁認真地聽著她們說，不評價，不多說什麼，只偶爾笑一笑。

年少時遇到這樣的場景，我熱衷於規勸別人。一來，想拉個同伴一起去；二來，透過勸別人，來證明自己的選擇沒問題。那時我最愛說：

「你還沒開始，怎麼就覺得自己沒辦法持續下去呢？舞蹈教室的氣氛很好，肯定能繼續下去的。」

「時間擠擠總會有的，週六日少躺幾個小時，每週的兩三次舞蹈課就有保障了。這樣做很值得，畢竟運動會讓人變得更好看、更美，而變美麗是需要付出代價的。」

「才二十多分鐘，就當散步呀，還可以減肥。而且我們每次可以一起去呀，一路上說說話也沒多遠。」

年紀小一點時，我真的熱衷於這種事。

但現在不行了，我深知自己精力有限，不想再消耗精力去勸別人，只想護住自己的這口心氣。旁人覺得這件事或好或壞都與我無關。我也不是當初那個總想要有同伴同行的年輕女孩了，我清楚人與人的追求與造化都有所不同，我想要更好的自己，那只管去做、去付出，去用汗水換美麗。這些我都明白，我也能做到。

至於旁人，她們覺得累、無法堅持、沒時間，或許只是因為她們並不是迫切地想做這件事，我也能接受。那也是她們對自己的人生的選擇。

讀書時代，特別愛說「走自己的路，讓別人去說吧」；如今，早已不在意旁人說了什麼，我更把這句話改為「走自己的路，也別操心別人的人生」。

我不吝於讓別人知道我在做什麼，但也不再願意花費力氣去告訴別人做某件事是多麼值得。那些與我無關，我只管塑造我自己，也只能塑造自己。

說回學舞蹈這件事。

在少女時代，我很自卑。我沒什麼特長，也沒有閃閃發亮的地方。我沒有一張吸引別人注意的臉，也不像很多女生那樣能歌善舞。我都沒有。

後來很長一段日子，每當看到電視裡有著美麗天鵝頸和美好體態的女孩子，我都很羨慕地想著「如果在我小一點的時候，我父母送我去學舞蹈，那該多好」。

這沒有怪原生家庭的意思。我是普通地方長大的女孩，父母已經將他們能給我的最好的一切都給我了。能把我培養成現在這個樣子，我的父母已經很了不起了。

我是那種不喜歡留遺憾的女生，缺什麼就補什麼，想什麼就讓自己去做什麼。如今，我已長大，有足夠的經濟能力與時間去學舞蹈。我幫少女時代的自己做了她一直想做的事，幫她成為她想成為的人。

這是我的初心，成為一個再酷一點、再多才多藝一點的女孩子。

我從未停止努力，也從未忘記自己曾經想做的事。
我沒能等到那個能讓我夢想成真的聖誕老人，
但我還是幫自己把想做的事一件件都做了，把心中的願望一一實現。
原來，我們才是自己的聖誕老人。

有段時間，我很喜歡「萬事如意」這個詞，好似不需要我們做什麼，張嘴說一句祝福話，萬事便都會順遂起來。如今，我依舊喜歡這個詞，只是我不再對自己說「祝你萬事如意」，而是改成「我會努力讓自己萬事如意的」。

不管別人能不能做到，我一定會做到的。我會努力幫自己把夢想一一實現，會努力幫自己活成想要的樣子。

身邊認識我很久的朋友對我說：「你是那種很敢闖、想做什麼就一定要做成的女生。不管你做了什麼樣的人生決定，我都不會意外。」

我笑著說：「好像我還真是你口中說的那種人。」

二十歲那年，我想寫作，於是打開電腦的文書檔案開始寫，開啟了我的寫作人生。即便最初家人反對，我也獨自堅持。

二十二歲那年，大學剛畢業的我找到一份不錯的工作，賺得很多，工作環境也不錯。但我當時白天上班，晚上十點下班回到家還要寫文章，經常凌晨三點睡，早上七點半又得起床工作，整個人活得很緊繃，狀態非常差。我想辭職，身邊的人說你這份工作這麼好，萬一以後找不到更好怎麼辦？還有人勸我放棄寫作，放棄做自媒體，他們說如果只做本職工作就不會那麼累了。但我覺得這不是我想要的生活，這份工作很輕鬆，但學不到什麼東西，做自媒體、寫作雖然辛苦，但是能真正地讓我的人生增值。

於是，我又一次沒聽大家的意見，辭職了。

辭職後那一年多，自媒體行業發展勢頭好，我努力寫，賺到了我工作好多年都不一定能賺到手的錢，有了一筆不錯的積蓄。

在我二十四歲那年，我父母覺得「你賺再多錢，沒有一個穩定的體制內工作，都是不體面、不成功的」。扛不住壓力，我去考了家鄉小城鎮的國營企業。考上了，但有一個附帶要求：最低服務期限為五年。在簽工作合約的前一天我退卻了，我死活不願意去做這份工作。

父母說，這是多少人想要的機會，你到手了還不好好珍惜，如果你放棄這麼好的機會，以後一定會後悔的。

後不後悔，二十四歲的我不知道，卻很明白：即便在大多數人眼中這樣的生活很好，這也不是我想要的人生。

於是，不顧家人反對，在別人開開心心簽工作合約時，我簽了放棄資格切結書。父母覺得我不聽話，和我冷戰了很久。我的內心也很難受，不知道自己到底選對沒有。說實話，我也怕過，也糾結過。

但我沒有難過太長時間，在那個炎熱的七月，在簽完切結書後，我買了考研究所的參考書。關於考研究所這件事，家人也是從頭到尾不同意，他們不認為一個從小讀書不算聰明的女孩真的能考上，覺得我只是浪費時間。

但也如之前很多次一樣，我知道這是我想要的東西，不管旁人怎麼說，我都要幫自己爭取到。

我一直有名校情結，羨慕那些名校畢業的人，只是很長一段時間我很自卑，沒辦法把羨慕說出來。加上普通家庭長大的女孩很懂事，大四那年，我想幫父母減輕壓力，不想讓父母覺得我還是他們的負擔，就根本沒考慮過繼續讀書。

如今，我賺了些錢，能夠負擔自己的生活，終於有足夠的底氣和能力重回校園。長大後的我要幫年少時的我把那些年沒有做成的事一一實現。這是我對自己的承諾。

拿到研究所錄取通知書後，朋友問我：「你當時有沒有想過如果你沒考上怎麼辦？」

我回她：「想過。」在我壓力大得需要大哭一場才能緩解的那些日夜，我也曾想過如果我沒考上怎麼辦。我還放棄了父母眼中的「好」機會，我的人生會不會就這麼完了？那些時刻，我怕過，委屈過，也焦慮過。

朋友繼續問：「那如果你當時真的沒考上，怎麼辦？」

我說：「在我最焦慮的那段日子，我就跟自己說：『沒關係的，盡力去考，如果沒考上國內研究所，那就去申請國外學校，反正我一定會幫你實現你的夢想的。』」

我沒有支持我的開明父母，也沒有條件好的家庭，但我已長大。在那些無人支撐的日日夜夜，我勇敢地站出來，做支撐自己的那個人。

朋友說我真執著。

我笑著說：「你知道嗎，像我們這種只能靠自己改變人生的人，如果性格裡不多點執著、不多點堅持、不多點主觀能動性，是很難走到現在的。我得自己拯救自己的人生啊。」

學跳舞也是，旁人說何必花那麼多錢做那些事呢，在家跟著影片跳不也行嗎；還有在我為工作熬夜、焦慮的日子，家人說「你那麼辛苦幹什麼，將就一下，做完不就行了嗎」；以及，在我每次把自己弄得很累時，身邊的人說「現在的生活不也蠻好的，為什麼非要沒事找事，非要讓自己活得這麼累」。

不是將就不可以，也不是躺平後的安逸生活不能過，
更不是我非要給自己找苦吃，
只是我明白我想去的遠方，無人能帶我前往，除了自己。
若我將就，若我隨便搞搞，
那麼可能我這輩子都沒辦法到達。

這是我努力的意義。

從二十歲到二十五歲，這五年我看到了自己的力量，我更加篤信「只有我們自己能決定自己的人生」這句話，我更加相信我們是可以按照自己的意願生活的。但這五年裡我吃的虧、受的委屈、經歷過的難過又反覆地提醒我：你只有夠努力，才能有那麼一點點幸運；你只有夠認真，才能過上想要的生活；你只有夠想要、夠渴望、夠誠懇，才能靠近、得到。

十八歲時，我把社群帳號的個人簽名檔改為「成為更好的自己」。那時候，少男少女們非常迷戀「更好的自己」這個概念，但當時並不知道到底怎樣才能變成更好的自己，於是跟風去減肥，跟風買好看的衣服，跟風打卡網紅餐廳。

那時誤以為買幾件漂亮衣服、緊跟當下的熱門話題、熟悉哪個APP最熱門、讓自己成為一個更潮的人，就是更好、更不過時的自己。

當二十五歲那年，我憑著自己的努力，拿到了心儀學校的錄取通知書；當我想要成為那種好看的女孩，於是每天六點多起床運動，控制飲食，少油少鹽，健康生活；當我羨慕那些能熬夜讀書，在讀書之餘也能去看展覽、參加各種活動，把自己的生活過得豐富多彩的女孩，於是也學著去平衡課業、工作和生活，在該讀書時好好讀書，在該工作時認真工作，在玩耍時也盡可能玩得盡興；當我想要成為那種多才多藝的女孩，於是替自己報了舞蹈班，去學舞蹈，去活得更舒展……我才慢慢懂得「成為更好的自己」的真正內涵。

所謂「成為更好的自己」，
就是即便當下的生活偶有讓我們不滿意的地方，
我們依舊願意想辦法讓自己活成想要的樣子。
重要的是，我們始終相信我們有塑造自己的人生的能力。

有名校情懷，那就努力讀書，去考名校；想要變漂亮，就去運動、減肥、塑身；

想要多才多藝，便去學習你嚮往的那門才藝；想要一口流利的英語，那就從現在開始學習；想要更好的工作，那就累積經驗，努力提升技能，更新履歷；想多賺點錢，那就好好工作。

按照自己的意願去生活，過我們想要的人生，就是成了更好的自己。

這些話說出來很容易，但真正做到很難，能做到的人少之又少。但我覺得，人生很公平，你想要一般的人生，就付出一般的努力，想要更好的人生，就付出更好的努力。

我始終記得，在準備考研究所的那段日子，我一邊大哭，一邊繼續背書。沒辦法，想要得到，就必須堅持。

我也記得，因為想做好一項工作，熬夜做到凌晨一點才睡，怕做不好，不敢睡個好覺，定了凌晨五點的鬧鐘，爬起來繼續做。很睏，很累，很想躺下繼續睡，但還是撐著做好。

在這個年代，大家總愛說「熱愛」。
熱愛很重要，但再熱愛也會辛苦、會疲憊，
人生更多時刻靠的是毅力，靠的是死撐。

我也時常被生活壓得喘不過氣來，壓力大到崩潰大哭。我沒辦法用雲淡風輕的語氣對大家說「不要焦慮」，我也沒辦法給大家一顆不再為生活憂愁的速成藥。在生活的汪洋大海裡掙扎的我也會時常因為笨拙和不夠熟練而嗆水，在生活中也時常會有那種「要麼努力游上去，成功上岸，要麼鬆懈，永遠沉下去」的溺水感。

我們都一樣，都只是生活中的小人物，忙碌、奔波，帶點倔強與不甘。如果非要找點取得小成就的原因，那就是我不願放棄。

我總覺得，只要我再堅持一下，可能結果就不一樣了。

人生中的很多事都如是，做對的事，花長的時間，去堅持，去踐行，去實現。

Part 3

讓我看到你偶爾很脆弱的樣子

因為見過對方真正的樣子，
不是在對方把驕傲的頭仰得高高的時刻，
而是在對方低下頭用很低沉的聲音說「我不知道怎麼辦」的時候，
所以更能明白對方。

所有感同身受的背後，都藏著對方的用心

我基本上從來不看校園青春片。

每次看到螢幕裡滿臉膠原蛋白的青春洋溢的女生男生，因為所謂的自卑，因為誤會，因為年輕氣盛而錯過，我的內心總忍不住想翻一個大白眼：這世上哪有那麼多錯過，說白了就是不夠愛。如果真的夠喜歡，即便短暫錯過，之後想通了再去死纏爛打，再去深情愛一場，也能贏得一個圓滿結局。

我一直覺得像我這種能真誠熱烈地愛人，也敢正大光明地討厭人，更多時候還能自洽的人，這輩子都沒辦法真切體驗到愛情裡的那種遺憾感。

直到在我生日當天，收到他寄

我很慶幸，
在我人生最好的那幾年，
遇到的那個人是你。
我沒有擁有愛情，
但因為你，我擁有了此刻最好的自己。

有時相遇一場，
可以不是為了愛情。

來的生日禮物，看完禮物中夾著的他寫給我的明信片，我才第一次明白「遺憾」的真正意思。

他寫道：「祝你生日快樂。最近有個女孩一直很主動找我聊天，我們一起聊了很多過去、現在和未來。過年我回家那天，她說來車站接我，我拒絕了。大年初一那天，她約我去看電影，我也拒絕了。我一直覺得我還沒做好準備讓一個人重新走進我的世界。但前不久，她又說過段時間要來找我玩，這次我答應了。這或許是一次契機。」

沒有電影裡描述的那麼誇張，看完明信片的我沒有淚流滿面，沒有打電話去跟朋友崩潰大哭，甚至我的心情也沒突然變得低落。我淡淡地把明信片收起放好，沒有跟任何人講過這件事，打開電腦如往常般繼續工作，那日中午飯吃得很好，晚上也睡得很好。

只是，在兩天後的某一天，鬧鐘響了，我卻沒聽到而導致睡過了頭，睜開眼已是八點，成功錯過了每日運動時間。這原本是一件小事，大可晚上把當日運動補上就好，但那天早上我突然很委屈地崩潰大哭起來。

明明我們不用錯過的，只要當初的我們再勇敢一點。

為什麼我們都不肯主動？

那日，從便利商店提回幾瓶啤酒，順帶買了些小菜，拉著朋友跟我喝酒。朋友不懂我的難過，畢竟我現在的生活也很好啊。

我苦笑著說：「是很好啊。」承認自己當下過得不幸福，真的是一件需要勇氣的事。對於習慣對身邊的人保持積極、幸福、灑脫模樣的我來說，更難。

在當下每一個我感覺不那麼幸福的瞬間，我都想過：「如果當初勇敢一點，跟他在一起，會不會現在就不會這麼不幸福了？」

我知道這個想法很自私，但我真的想過。

朋友問我：「到底在難過什麼？」

我難過的是，我們互相陪伴了八年，我們那麼合拍，那麼懂彼此，也陪對方見證了很多重要瞬間。我曾篤定地認為，他是我心中最適合結婚的人。很難說出口的是，那幾年，我真的認真地等待過他，期望我們會有一個好的結果。

我只是沒想到，八年的陪伴，抵不過一個突然出現的很主動的女生的三次邀約。

是不是所有男生都喜歡更主動一點的女孩？

朋友開玩笑說：「你後來談的戀愛，不也是因為對方夠主動才開始嗎？不論男生還是女生，大家都更喜歡明明白白的愛，不分性別。」

後來，我鼓起勇氣問過他關於那個女孩的一些情況。我說：「我對她蠻好奇的。」

他說：「她是一個很普通的女孩，普通的學歷，普通的工作，普通的性格。」如我想像的一樣，但這也是我最不能接受的一種情況。

我跟朋友說：「我能接受他愛一個很優秀，優秀到讓我自卑的女孩；但我就是不能接受，他愛上一個在我的判斷標準裡沒我優秀的女孩。」

朋友說我太固執了，
為什麼非要把一個人值不值得被愛跟世俗眼中的優秀掛鉤？
並不是優秀就值得被愛。

但是，我沒跟任何人說的故事B面是，過去八年，我的很大一部分努力，都是因為他。

很多人不知道，三年前不顧所有人反對，我堅持要考研究所的原因就有他。那時總覺得，他那麼優秀，知名大學知名研究所，而我的學歷就是一個普普通通，怎麼都說不過去。

那段時間我很自卑。儘管我們之前聊了很多，也聊過未來，但我就是不敢踏出那一步。我一度覺得，只有學歷夠高，只有名校畢業，才配得上這麼優秀的他。

我一直跟自己說，等我變得再優秀一點就好了。

我說：「我一直以為，他喜歡的肯定是很優秀的那種女生。」

朋友調侃說：「這就是你們之間的資訊不透明了。可能他根本不介意是否優秀這件事，也許他喜歡的東西恰恰是你身上沒有，但是那個普通女孩身上有的。例如，在愛情裡的主動。

「他是一個很優秀、骨子裡也很驕傲的人，所以在他的愛情裡需要有一個人主動往前走一步。但恰好你也是一個很驕傲的人。你把自己活得很優秀，讓自己夠耀眼，就是為了等他向你靠近。兩個都不肯主動的人，怎麼可能走在一起。」

愛情這個東西，跟是否優秀沒關係。更多時候，你越優秀，越驕傲，越容易錯過愛情。

愛情，跟勇敢有關。愛情，是勇敢者的遊戲。以及，愛情這個東西，有時真的講究緣分。

朋友說：「跟我說說他的故事吧。萬一聽完，我覺得他不值得你喜歡呢？」
我說：「不可能。聽完他的故事，你只會覺得這世上怎麼真的有這麼好的男孩。」
朋友說：「那你就試著說說看吧。」

我八歲那年就認識了他。當時對他的唯一印象就是，他是一個很聰明、很負責的男孩，老師們都很喜歡他，包括我爸。

我們在同一所小學讀書，但因為他真的很擅長讀書，初中、高中以及大學，我們都沒同校過。按理說，照這樣的情況發展下去，擁有完全不同人生軌跡的我們後來不該有交集的。

後來很長一段時間，我不知道他的聯繫方式，我也不知道當時的他在哪所學校讀書。但二十歲的我真的好勇敢，我在網路上搜尋他的姓名，用匿名帳號傳訊息給他，我說我是他的同學，問能加他好友嗎。那時候的我還是自卑的，自卑到不敢說出我的姓名，畢竟這麼多年過去了，萬一他早就忘了我呢。

他傳了一串號碼給我，是他的社群帳號。即便當初的我以為我掩飾得很好，但他還是很快猜出了我是誰。

這是我們最開始的故事。

這也是這幾年裡，面對他，我第一次也是唯一一次很主動，很主動。

後來，我們就像很好的朋友一樣每日聊天，彼此分享著那些不願意和別人說的事。

我有段時間很喜歡某位作家。他知道這一點，於是每年過生日，他都會在寄一些別的東西給我的同時，寄來一本作家的書。他去一座陌生的城市參加研究所複試時，還特意去學校附近的書店買了一本作家的精裝版書給我。

我記得很清楚，他說這本書蠻難買的，他跑了幾個書店才買到。

他讀研究所時，我還在讀大學。那年九月，他拿到第一筆研究生補助金，寄了十斤的大芒果給我。他說，這是他拿到的第一筆薪水，要買點什麼給我。五六年前的芒果比現在貴一些，對一個還需要家長提供生活費的學生來說，五百多元還是蠻多的。況且他還是特地親自把一個個芒果挑好、打包好快遞給我的。

那時候我已經靠寫作賺了些錢，幾千元的東西也能眼睛不眨地買下來，儘管如此，當時還是為這份五百多塊錢的心意感動過。

碩三那年，他去澳門大學見他的博士生導師，那次見面更類似博士生複試吧。行程依舊很匆忙，但他還是帶了澳大的明信片給我。他知道我喜歡書，還特意去書店買了幾本我喜歡的作者的繁體版本書，帶回來送給我。與此同時，他也拍了很多澳大的照片給我，一一傳給我。他跟我說，他想把他看過的風景都分享給我。

站在遠處的他，激勵著我努力跟他一起去遠方看一看。

後來，我選擇了考研究所。在考研究所的那段日子，身邊的人都不支持，但他一直在身邊陪著我。

我跟他說，我英語好爛，學不好。他跟我分享他的讀書方法。我說，我壓力很大。他跟我講他的壓力，試著用他的親身經歷鼓勵我，告訴我：「我們都難，都一樣，但誰都沒放棄。」他還跟我分享他排解壓力的方法。被一個男生認真耐心地安慰著，我當時真的很感動。

研究所放榜前的半個月，我焦慮得每晚睡不著，我跟他說了我的焦慮。他耐心地鼓勵我，跟我說了一句我至今還記得的話：「你可以擔心結果，但你不能懷疑自己，你不能懷疑那些日日夜夜你認真背過的書，你不能懷疑你學進去的那些知識，它們不會辜負你的。」

如今，我依舊記得這句話。偶爾可以搖擺不定，但永遠不要否定自己的努力，也不要否定那個努力的自己的價值。

前幾年，在我人生狀態最差的那段日子，生日我本打算隨便過過。但生日當天，我還是收到了他用心準備給我的禮物。他寫了很長一段話給我，那些話我早就不記得了，但這件事我一直記得。

我記得在我人生最糟糕、覺得自己不配被愛的那個灰暗時刻，有個男孩用他的行動告訴我：「你值得」、「你配得上」、「你也很美好」。

也有賭氣的時候。

考研究所那年冬天，我每天情緒都很緊繃。因為在一些事上我們意見不合，我很任性地對他發了脾氣，賭氣好長一段時間沒回他的訊息。本以為他會像我之前認識的很多男孩一樣，因為一件事不合，和我的關係就會慢慢淡去，彼此會很配合地不再聯繫。

但他不一樣。

雖然我們中途很長一段時間沒聯繫，但在我考研究所的前一天晚上，他還是主動傳了好長一段話給我，寬慰我，鼓勵我，讓我好好加油。他跟我說：「別怕，好好答題就夠了。」

這件事，我一直都記著，事後也覺得自己當時太情緒化了，但傲嬌的雙魚女才不會輕易主動低頭。

過了大概半年，在一次聊天中，我主動提起這件事。我向他道歉，承認自己去年情緒過激了，而後直接跟他說起我考試前一晚收到他傳來訊息時的心情，我真的很感動。

我說：「其實，那天晚上我想過兩種情況。我想過可能你不會來跟我說一句加油，因為我真的太任性了，我知道我對你說的那些話很過分；但我也想過，你可能還是會來鼓勵我，因為你真的太好了。但我沒辦法肯定你到底會來加油，還是不會來。

「最後的事實證明，你真的是『大人不記小人過』，你真的很好。」

他回覆我的是：「因為認識你很久了，久到我很清楚你是怎樣一個人，雖然有時你的確有些任性，但我知道你大多數時候決定做某件事、決定說某些話，都是有自己的理由的。所以，我也不會因為你做過某件事、說過某句話就覺得你不好。」

這麼多年，即便換過幾次手機，我每次都會把我們的聊天記錄備份到新手機上。上面這兩段話是我仔細翻閱聊天記錄找到的原話。

我們都是極其坦誠的人，在彼此面前做到了完全真誠，真誠到當時說這些話的時候只覺得很正常。

如今再回看這段對話，覺得好浪漫啊。或許真誠的極致，就是浪漫吧。

關於他的事，我跟朋友說了最後一件。

我說，有那麼一段時間，我跟當時的老師相處起來很不開心。我知道成人世界的遊戲規則，要對高位者投其所好，必要時要討好一下對方。

很多人聽完這段故事也都跟我說，你已經長大了，成人世界就是這樣啊。

但我不喜歡這樣。我知道應該怎麼做，但我就是沒辦法那麼做。我一度很痛苦。

他跟我分享了很多解決方案，也跟我說過要忍耐，他還跟我分享了他自己的故事，他也曾遇到一個這麼難搞的主管。

但在講完所有成年人的體面方案後，他跟我說了這麼一句話：「如果你真的忍受不了，你真的覺得很難過，請一定要記住你的人生並不是只有一條路可以走。」然後，他跟我講了很多大不了甩手走人的選項，而且做出這些選擇後也能把人生過得很好。

儘管我知道我不會選他說的那種最糟糕的選項，但從一個很理性且很擅長權衡利弊的男生嘴裡說出這樣的話，我覺得還蠻貼心的。

所有人都告訴我要忍耐，唯有他告訴我：「沒關係，如果你真的覺得忍受不了，如果你真的覺得很不開心，沒辦法跟那個人好好相處下去，那麼我支持你做回自己。你要相信你的人生並不是只有一條路可以走。」

這張對我的叛逆想法的贊同票給了我生活的勇氣，讓我不要怕，勇敢闖，也給了我停下來歇一歇的選項。我很感激他。

我覺得，他是懂我的。他懂我是因為我們的性格很相像。

我更相信，每一次我難過時，他是真的試著站在我的角度去想，想如何說才能真正安慰到我，如何做才能真正幫到我，怎樣做才能真的讓我好受一點。

所有感同身受的背後，都藏著對方的用心。

最後的最後，我跟朋友說，其實我們的故事也沒什麼特別的。

沒有轟轟烈烈的時刻，也沒多麼刻骨銘心的時刻，我們擁有的只有很普通的日常生活，認真讀書，好好升學，努力完成學業，然後找到一份工作。在這個過程中，互相陪伴，互相鼓勵。

我們能給對方的無非是共體時艱。每一次都是如此，有事一起面對。他會真誠地跟我說他的煩惱，詢問我的建議。我也總是毫無保留地把自己的那些難過、不堪甚至自己都覺得很齷齪的想法統統告訴他。我不怕在他的面前出醜，也不怕他聽完我的真實想法後會覺得我不好。

在內心深處我總是覺得，他是那個會永遠包容我，也總是讓我倚靠的人。

我很相信他，相信到如果有一天我崩潰了，深陷生活的泥沼，只能打電話給一個人求助，那麼這個人一定也只能是他。我也相信，他是那個能真正把我拉起來的人。這麼多年都如是，再崩潰，再想自暴自棄，我也都會在自暴自棄前用最後一點理智向他發去求救訊號。每次向他發出求救訊號後，我的內心總是很安寧，我知道我會得救的，他總有辦法安慰我。

我一直不知道，我對他是信任，還是打心底依賴。

現在，這些都不重要了。

朋友說：「你很幸運。多少人在成長過程中被愛情傷得遍體鱗傷，而你能在二十歲那年遇到這麼好的男孩，陪著你一起長大，拉著你一起往前走，一起變好。這是一件多麼幸運的事。」

對呀，我很幸運。

他很優秀，這麼多年，他一直在朝前走，在往前走的時候還不忘經常回頭看看我，鼓勵我也要繼續往前走。我沒他那麼優秀，這些年我搖擺過，搞砸過，走過彎路，但不管我當時多麼糟糕，每次看到他不管遇到什麼總是篤定地往前走，我總是很受鼓舞，也總能很有勇氣很堅定地一次次重新出發，朝著他走去，朝著遠方邁進。

我不想把我如今擁有的一切都歸為他的功勞，但若少了他，我肯定也不會走得這麼遠。

朋友沒有像大多數人那般勸我說和他當個普通朋友也很好。她說：「如果你真的很喜歡他，那就去告訴他。他現在跟你說他跟那個女生的事，在某種程度上也是在試探你。再說他們之間還八字沒有一撇，你再勇敢一點，還是有機會的。」

我笑了笑，沒有回應。

在那張明信片的最後，他還對我寫了一段話。他寫道：「這麼多年，我一直沒做好在生活裡迎接另一個人的準備。我怕我做不好這一切，我怕我無法承擔起這份責任，怕辜負對方。」

我打開對話框，回覆他：「說來不怕你笑話，前幾年，我一度相信，你是我心目中最適合結婚的那個人。你夠真誠，夠有責任感，值得信賴，也夠好。你要相信你值得被愛，也要相信你有好好愛一個人的能力。」

有那麼一個恍惚間，覺得自己這番話好「綠茶」。後來想了想，正如他曾經讓我相信我是值得被愛的那樣，好歹彼此陪伴了這麼久，夠有發言權的我也應該給他一個負責任的回饋：他很好，他很值得被愛，他也有足夠的能力好好愛一個人。

我應該大方地把這番話告訴他。

我曾以為，我們錯過是因為彼此不夠勇敢。回看才發現，或許我們倆相遇一場，本來就不是為了愛情。

有的人相遇，是為了相愛。
而有的人相遇，是為了互相治癒，是為了給足對方力量，
是為了讓對方相信「你很棒」、「你很值得被愛」。

我很慶幸，在我人生最好的那幾年，遇到的那個人是你。我沒有擁有愛情，但因為你，我擁有了此刻最好的自己。
祝你幸福。這一次，我真的是真心的。真的。

別問能不能到最後，愛一天有一天的溫柔

我花了三年時間，跟我喜歡的那個人成了朋友。

二〇一六年的時候，看完《從你的全世界路過》，我沒為么雞偷偷的喜歡太感動，沒為荔枝和茅十八的愛情太難過，也沒太為豬頭的癡情心疼，我唯一的想法就是，人跟人之間的關係真的太脆弱了，一個不留心的轉身間，兩個原本連接再強的人，也能完全地消失在彼此的世界中，好像從不曾來過。

從電影院出來，我靠在牆上，傳了很長一段訊息給他。我說：「你知道為什麼我拚命地想繼續留在你的身邊嗎，因為我真的還沒做好你

不要怕愛錯，也不要怕沒有愛到最後，
誰都不知道，他到底是不是對的人。

畢竟愛情這個東西，就像通宵打遊戲，
旁人覺得你好累，
只有你自己知道，在這個過程中玩得有多爽！
在愛情裡，尊重自己的感受很重要。

從我的世界完全離開的準備。我怕一個不留神，再回頭我們已經是陌生人了。」

那時，我們還不是很熟，我也不知道當時自己的腦子哪裡抽了筋，哪來的勇氣，傳了這麼長一段話給他。唯一能解釋得清的就是：年輕的時候，我們喜歡一個人，是不需要別人鼓吹壯膽的，我們充滿了勇氣，橫衝直撞，勇往直前，哪怕前方就是懸崖。

這三年，我們之間發生了很多故事。我喜歡過他，我跟他說過我喜歡他，我寫文章罵過他無數遍，我胡攪蠻纏過，我們大吵過，有次吵得很凶，還絕交過半年，之後又和好了，很小心地一點點消除對方內心的芥蒂。

我跟他說過：「我討厭你。」我也真心地跟他說過：「就算你有時候不那麼好，我還是覺得認識你真的很好。」

我以前覺得，百分之百不加水的喜歡，才算真的喜歡，但現在我發現，世上真不存在這樣的喜歡。

現實生活中更多的喜歡是：
我們的這段關係也許沒那麼無私，
有過喜歡，也真的怨過，有自己的精明，
也有真心為對方好的瞬間，有過委屈，也開心過，
有過堅持，也有無數次想要離開的瞬間。

但在把所有的這一切都經歷了一遍後，我的內心還是想去靠近你。對你的喜歡，還是比對你的討厭多那麼一點點。

到如今，我們已經是很自然的關係了。我每次不管去哪裡，無論是去旅遊，還是在家逛網拍，看到某樣東西覺得很適合他，或者覺得他看到這個會開心，就會買下來，送給他。就像對家人一樣，不需要特意去挑選禮物送給他們，就是無意間看到一樣東西，條件反射地覺得他們會喜歡這個，就買下來，帶回去。

一切都很自然，對他也是。

選擇跟他繼續做朋友，也沒有什麼特別動人的原因，可能就像看完《從你的全世界路過》，我對他說的那句話——「我就是沒做好準備，可以眼睜睜地看著你從我的世界離開。」

還有一句——「我還不捨得。」

有人問：「你這麼缺朋友嗎？」

對啊，我就是缺朋友。我喜歡他，他的身上肯定有吸引我的地方，既然發展不成別的關係，那我就不帶雜念地和我欣賞的這個人做朋友。難道對於身邊其他朋友，我們不是因為覺得他們好，才要跟他們相處的嗎？因為喜歡，所以才更要做朋友啊。

有人會問：「那你跟喜歡的人做朋友，不累嗎？」

不。跟喜歡的人做朋友，最大的好處就是你不用太勉強自己。想找他了，那就去找他，他忙，也能很自然地走開，不會覺得「自己主動了一次，被忽視很尷尬」。朋友之間不存在誰主動誰不主動這一說法。

想跟他講最近生活裡有什麼有趣的事，那就去找他分享，不會想太多「這件事要不要跟他分享，他聽完會不會覺得我怎樣怎樣不好」。管他怎麼覺得，反正我就是想跟他說話，說完我該說的，我就開心了。

他讓我不爽了，就去跟他講，去罵他，去問他為什麼這樣。有時他解釋，我看心情選擇原諒或不原諒；有時他不解釋，那也沒關係，不解釋拉倒，反正我表達了我的情緒，你知道我不滿就好。

當我拿出做朋友的心態跟他相處，自己會輕鬆很多，少了很多內耗，不用去想

「他現在在幹嘛」，不會一直猜「他為什麼不來找我說話」，不會獨自委屈「為什麼他要那樣做」，更不會花很長時間糾結「要怎麼忘記那個人」。

就是很乾脆的「敢說敢做」，想問什麼就去問。我就是抱著「喜歡上了算我賺到，沒喜歡上那就賺個朋友」的心態去跟他相處。

有人會說：「你心真寬。難道看到他跟別的異性走得很近，不會難過嗎？」

起初會，但後來不會了。有人說忘掉一個人最好的辦法，是遠離，是時間，是新歡。

但我覺得不是的。

在感情裡放下一個人最好的辦法就是走近他。

起初你喜歡他，你眼中看到的他是修圖軟體修過的亮麗，所以是發光的，是你心之所往的。你不去想辦法走近看一看他，不去多跟他說幾次話，不去多瞭解一點他，你就不會知道：原來跟他說話也沒那麼心動；原來他回覆的訊息，也跟別人的回覆一樣，只是一則訊息而已；原來他也只是個跟你我他一樣的凡人，也有憨憨的一面；原來他也並不都是美好的，並不是什麼都能做好。

凡事都怕熟，熟悉是打破一切迷戀的最好方法。你不去接近他，就永遠沒辦法打破你心中對他的幻想，永遠沒辦法建立那真實的他的形象。

等你走近他了，就算你依舊喜歡他，那份喜歡也不再是建立在空中樓閣之上，而是更真實的喜歡。你會看到他的很多為難、很多不得已、很多你我他都會有的窘迫。如此，在這份喜歡中，多了一份特定情境中的理解，是一種我願意去懂你、我願意去尊重你的選擇，也是一種我只希望你好、你怎樣都可以、只要你真的覺得好的祝福。

成年人的喜歡，有時候很自私，有時候也真的很無私。

其實此前我一直在思考對這個問題怎麼回答才更好。但我們都知道，這種問題哪有什麼標準答案啊。

喜歡、不喜歡、要不要做朋友，不都是一個人的選擇嗎？

只是在這個問題裡，我的選擇是「要」罷了。

但是我更想說的不是哪個選擇更好。這不是我原本的目的。

我在十八歲喜歡渣男的時候，看到身邊的人好像都很聰明，去跟看起來很可靠的人談戀愛。我不止一次懷疑自己：「為什麼我總是愛上這麼不可靠的人？是不是我太年輕、經歷不夠，所以愛情這道題目總答不好？」我很長一段時間不敢相信自己在愛情裡做的選擇，怕自己做的選擇不好。

對於自己的愛情問題，我相信別人超過相信自己。

在三年前遇到他，我覺得自己好像對他還蠻依賴，一開始是怕的，懷疑自己「為什麼又選擇了一段很辛苦的感情，是不是自己還是不夠成熟，依舊不懂愛」。

到如今我成長了，懂得權衡利弊，會處理很多關係，可是面對愛情選擇時依舊會一時衝動。我成功地把曾經很喜歡的那個人變成了如今很信任的朋友，看起來又在做旁人眼中很不符合某種常規的事。

只是現在，我不會再懷疑自己，我開始堅定。人性是複雜的，我們喜歡某人其實也是很複雜的一件事，沒有那麼多的完全正確。

在很長一段時間，我們都刻板地以為，愛情就應該是美好的，分手就該老死不相往來，喜歡的人就是不適合做朋友。但是世界這麼豐富多彩，你跟別人做了不一樣的選擇，愛了渣男，和前任做了好朋友，和喜歡的人做了好朋友，難道就是錯的嗎？就是你這個人品行不好、選擇不對嗎？

不，我不覺得。

這也是我想把這個故事分享給大家的原因。我支持你們對感情大刀闊斧，遇到錯的人，敢於斷捨離，這是很好的特質。但我更想對那些與曾經的我一樣，因為選擇跟別人不一樣而懷疑自己的人說：「沒關係，你不是一個人，在這世上與別人不一樣並不可恥。」

還想和對方繼續做朋友，沒什麼好丟人的，也無須覺得自己的選擇有問題。不必過分責怪自己戀戀不捨，即使忘不了、放不下、不想放，你也沒錯。

我們都說人生需要自信，但其實在愛情裡一樣需要自信。
這種自信，不僅是你要相信自己夠好、值得被愛，
更是你敢去愛你想愛的那個人，敢去留你想留的那個人。
不要怕愛錯，也不要怕沒有愛到最後。
誰都不知道，他到底是不是對的人。

畢竟愛情這個東西，就像通宵打遊戲，旁人覺得你好累，只有你自己知道，在這個過程中玩得有多爽！

就像我，到現在仍覺得，縱使他有過一些不好，他依舊是我在二十歲那年遇到的最好的一個人。

與他相關的，好的、壞的，我都不願拱手讓人，我會照單全收。

在愛情裡，尊重自己的感受很重要。

願你的愛出自本心。

你傳了九十九則訊息，他回了一個「嗯」

二十歲的時候，我喜歡過一個男生，他經常不那麼及時地回覆我的訊息，讓我覺得被冷落。

後來發現，成年人的世界，愛而不得、愛而有憾、愛而不得解、愛而委屈、愛而難忘的故事，真的很多。

對於經常等不到對方的訊息，二十歲的小文假裝很豁達地說：「沒有非要愛到不可的人，也沒有非得等到才肯睡覺的訊息，那個等不到回覆的對話視窗就刪掉吧，那個不回覆你的人也別再去找了，要知道，真正想回覆你訊息、真正想跟你聊天的人是不會這樣的。有

這個世界上，
任何一點你想要的東西，
都是靠你打破砂鍋問到底，
用就算丟臉也在所不惜的心，
一點點主動爭取來的。
愛情是，人生更是。

時候，沒有回覆其實也是最好的回覆。」

赤誠愛過卻沒得到回報的人，或多或少肯定都會有過這樣的情緒。

傳訊息給對方後，會充滿期待等著。一秒、兩秒、五秒、十秒、一分鐘，在稱得上「秒回」的那個時間段沒等到回覆，首先是會替對方找藉口的，「可能他剛好在忙」；五分鐘、十分鐘、半小時後，會猜測對方在幹什麼，為什麼不回我的訊息；一小時、兩小時、三小時、五小時後，會有點失落，覺得對方不會回了，但內心還是有期待的，「搞不好他今天很忙呢」。

十二小時、二十四小時、三十六小時後，依舊沒有回應，會開始懷疑自己，「是不是我說錯話了」、「是不是我哪裡沒做好，惹他生氣了」，要不然對方怎麼不回。

等時間再久一點，兩天、三天、四天、一週、十天……依舊等不到對方的回覆，會開始難過委屈，甚至內心會帶著些對對方的怨，「他肯定不喜歡我」、「他肯定討厭我，要不然怎麼連訊息都不回我」。再慢慢地，這種情緒會變成「他有什麼了不起，我還不奉陪了呢」。

可就算嘴上狠話說了一百遍，心裡卻依舊第一百零一遍、一百零二遍地回頭頻頻看向那個人。在愛情裡，要臉的是我們，不要臉的也是我們。

坦白講，二十歲的時候，我真的覺得不被喜歡的人秒回，甚至回覆，好難過啊，更準確來說是覺得丟臉。

把自己那顆熱騰騰的心滿懷期待地捧到你的面前，你卻看都不看一眼。看著它一點點慢慢變涼，我也不捨得把它收回去，還在心裡暗暗期待著「再等等，說不定他現在忙，還沒看到」。

到最後，我眼睜睜地看著這顆心變涼，開始結冰，卻不知道，你究竟是嫌這顆心不夠熱烈、不夠好、不夠真誠，還僅僅是因為這顆心是我的，所以怎樣都是不好。

一邊惱恨自己，為什麼讓別人那麼早看到自己愛的底牌，多點耐心不好嗎，一邊又因為表達了自己的喜歡，而覺得尷尬、羞愧。那份他不去珍視的心，到最後連自己都覺得好廉價。

以上所有情緒，我都完整真切刻骨地經歷過。當然，這份在赤誠中帶些手忙腳亂的喜歡，是很美好的，有青春的味道。只是，我現在回想這段往事時，更多是覺得自己活得太彆扭。

二十歲的時候，沒收到回覆就反覆猜，會以為不及時回訊息就是不喜歡自己，要不然為什麼不回我的訊息？這邏輯看起來很縝密。

但為什麼對方沒回你的訊息，你不是再傳一次問一句，而是獨自黯然神傷，自以為很懂事。

別說不打擾是體面，是識趣，是給自己留最後一點自尊。喜歡本就不是一件能全身而退的事，真想識趣、大度、體面，你就不該來蹚戀愛這攤渾水。

在一段關係中，真正為自己好，就斬釘截鐵地非得從對方口中得出一個原因。轉身甘心，留下也踏實，這才是對自己負責。

要說這幾年，我最大的進步就是，學會幫自己找到答案。遇到別人不秒回，遇到等不到結果的情況，不會再自己抱著手機輾轉反側地去猜，生怕對方不知道我在等他的訊息，還一遍遍地在有他的社群平臺做作地刷著存在感。

不會了。現在的我，比較常做的是直接去問。問一遍沒回覆，等過段時間再去問一句：「你看到我傳的訊息了吧？」

反正，若我真想要你的一個答案，一遍不回，那就兩遍、三遍……問到你回答為止。

這個世界上，任何一點你想要的東西，都是靠你打破砂鍋問到底，用就算丟臉也在所不惜的心，一點點主動爭取來的。

愛情是，人生更是。

二十歲的我會說：那個不秒回你訊息的人，肯定沒那麼喜歡你，放手吧。

現在，我會說：喜歡，就一定要爭取；好奇，就要去問；想念，就要去告訴。

可能有人會說：你這個人的想法真是前後矛盾啊。

但是，你們知道嗎？二十歲的時候，我還覺得喜歡很常見，就只是一場心動。這個人沒辦法讓我心動，那就換另一個人，反正年輕人的喜歡，還是很容易的。

等再長大一點，在真實的人間反覆浸泡幾回，一個人咬著牙走完很長的路，處理好自己所有複雜的情緒，等有一天終於長成了一個所謂的「大人」，你早已不在乎別人怎麼看自己，也不怕這條路上沒有同伴，也不再非要得到誰的支持和肯定，也不再在意喜歡的人是否回覆訊息這件事。

畢竟比起喜歡的人的回覆，客戶、合作方、老闆的回覆更有價值。我們終於不再為愛太難過了，卻也再也不會愛了。

看似我們在成長，在變得堅強，變得獨立，實際我們在失去，失去愛，也失去被愛的能力。

所以，如果你在人生現階段，還能遇到這麼一個你會在心裡想很久「他為什麼不回我的訊息啊」的人，一定要珍惜。不只是珍惜他，也是珍惜你心動的那一瞬間。

你最該知道的不是「那個人在想什麼」，不是去猜測，而是反問自己：「我為什麼會好奇他在幹什麼？」找到你內心的答案後，一定要更勇敢一點。

給自己一個答案，也給自己一個心動的理由。
很多時候，愛情的開始就只是這麼一個很小的瞬間的好奇和迷茫，
在遇到他的那一刻，恰好像迷路了一樣，
需要清楚地知道他在哪裡、他在幹什麼，才能走得踏實。
去擁抱這種感覺，去爭取，
去告訴他：「嘿，我還蠻好奇你在幹什麼的啊。」
臉皮厚點，也沒什麼的。

要勇，要敢，不要怕主動，不要怕被拒絕，不要怕被忽視，畢竟這是你的人生啊，這輩子要跟什麼樣的人在一起，得靠你自己爭取啊。

即便最後真撞上死路了，那就撞吧。撞完了記得轉個彎，找條新的路，重新出發。

以後還要繼續去愛，去擁抱，去流淚，去感動。

走你想走的路，把遺憾留在身後

「二十五歲之後，談戀愛就變成很難的一件事了。」這是丁宇在她二十五歲生日說的話。

「三十歲後，談戀愛真的就是很難的一件事了。」丁宇在她三十歲生日依舊如此說道。

今天是丁宇的三十歲生日。

二十五歲時，她以為自己已經到了談戀愛這場通關遊戲的困難模式了，卻不曾想到，談戀愛就像減肥一樣，只要你想瘦下去，只要你想談戀愛，總會遇上一個又一個困難時期，停滯不前，舉步維艱，怎麼少吃、怎麼運動體重都不掉，怎麼努力都很難脫單。對減肥而言，我們

年齡帶給我們最多的不是閱歷，
而是對未來的恐懼，
伴隨恐懼產生的還有自我懷疑。

人生本來就是一場自己蠱惑自己的遊戲，
只有一次次堅定地告訴自己，
我們走的這條路是最對的，
我們才更加有信心走下去。

稱為停滯期。

減肥的停滯期在你六十公斤時會碰到，在你五十五公斤時會遇到，在你五十四、五十二、五十公斤時都會再碰到；戀愛中的困難時期，在你二十五歲會遇到，三十歲也還會遇到，甚至以後三十五歲、四十歲，你都還會再碰到。

每個人的困難時期都不一樣，但每個困難時期都有一個共同點：難。

幾杯酒下肚，丁宇開始跟朋友

抱怨，重複最多的一番話就是：「我怎麼就變成現在這個樣子了？十八歲的時候我沒現在漂亮，但有很多人追我；二十出頭的時候我沒現在有錢，卻也有很多曖昧對象。我們總在說：『等我們變得更好，會遇到更好的人。』我終於變得更好了，但為什麼反倒身邊一個人都沒有？」

人是蠻奇怪的一種生物，二十五歲之前戀愛不順，會歸因為自己不夠優秀、圈子太小、男人們太渣；但二十五歲之後，戀愛一坎坷，我們首先懷疑的就是自己。是不是自己要求太高了，眼光太挑剔了，我們的擇偶標準有問題？或是直接從根本上懷疑自己，是不是我們就不該活得這麼優秀、這麼獨立？是不是獨立女孩真的沒人愛？

年齡帶給我們最多的不是閱歷，而是對未來的恐懼，伴隨恐懼產生的還有自我懷疑。

就在丁宇為自己一直沒辦法談戀愛這件事心煩意亂時，突然有個男人走向丁宇這一桌，朝她邪魅一笑，跟她說：「妹妹，我看你今晚心情不好，請你喝三杯酒。」

丁宇問：「你為什麼無緣無故請我喝酒？」

男人不回答，自顧自地把三杯酒放在她面前，留下句「每喝下一杯酒，你都有一個機會回到過去，把你內心最遺憾的那件事再做一遍」就走了。

這番說辭，丁宇肯定是不信的，在二十一世紀的和諧社會，哪來這麼神妙的東西。再者說了，「陌生人給的東西，不能隨便吃」的道理她也是熟記於心的，更何況是陌生男人給的酒，怎麼能隨便喝呢？

道理丁宇都是懂的。但眼前真的被擺上了這樣一個機會，她好像突然就明白了為什麼電視劇裡，神秘人給主角一個按鍵，說按下去就能回到過去，觀眾都覺得哪有那樣的按鍵，傻子才會相信，但主角還是選擇相信這一切，選擇去按下那個按鍵。

因為人性是貪婪的，每個人已過的人生裡或多或少都有些抱憾的事，
在某些我們混得很慘的時候，
內心也肯定閃過「要是過去做了這件事就好了」的念頭。
相比對未來的貪心，
人們對過去的遺憾有更多執念，更容易耿耿於懷。

丁宇決定喝那三杯酒，像電視劇裡面臨按鍵選擇的主角一樣，她決定當一回觀眾眼中的傻子。不管那個男人說的是不是真的，不管能不能坐上「月光寶盒」回到過去，她都想試一試。

在她眼中，這也是一份只賺不賠的買賣：喝了能回到過去，那就賺了；不能回到過去，就算喝壞了肚子，拉幾天肚子還能瘦幾公斤，那也還是賺。

這也是丁宇的人生哲學：凡事盡量往好處想。

丁宇喝的第一杯是紅色的那杯酒。雖然她不喜歡紅色，總覺得這個顏色太濃烈，濃烈得有些豔俗，但不可否認的是，從小到大她對這個色彩的記憶有很多。

在《請回答一九八八》第一集裡，德善穿著那件紅得不夠徹底的棉衣出場，說這是媽媽們覺得最時尚的顏色。看到這個片段時，丁宇產生了很強烈的共鳴。在少女時代，她也有很多紅色的棉衣、棉褲和外套，紅色見證了她俗氣但濃烈的青春。

紅色液體入口的時候，丁宇有意嚐了一下味道，但也沒品出這杯酒裡有什麼成分。相比普通白酒，這杯酒除了酒勁大一點，她也沒發現有什麼區別。

我們平時難過時喝烈酒，多少帶些自憐或自虐的情緒，緩慢地入口，去體會酒的辣感和苦感，好像人生和這杯酒一樣難以下嚥。這份情緒裡多少是帶些快感的，我們享受著自己被酒麻醉的感覺。但這杯紅色的酒真的太烈了，入口只覺嗆人和辣喉嚨，丁宇是閉著眼睛硬生生逼自己灌下去的。

入肚五分鐘左右，丁宇眼前一黑，再次努力睜開眼時，她回到了十八歲。

像是一場夢，但一切又很真實，有熟悉的教室，有被各種顏色的筆寫滿各種小字的課桌，環顧四周，還有很多這輩子都不想再見到，但面孔依舊很熟悉的同學。

真實人生裡的十八歲，丁宇同時被兩個男生追求，一個是老師們都喜歡的聰明男孩，另一個是身上總帶著點被愛情傷過的淡淡憂傷，但那份憂傷又剛好迷人的「壞男孩」。就像每個年輕男孩心裡都有個英雄救美的夢，從小看著平凡女孩拯救霸道總裁偶像劇長大的年輕女孩們，心裡也有一個拯救美男夢，她們希望有一天能用愛或自己的力量拯救「壞男孩」，然後一起過上幸福人生。

丁宇也有一個這樣的夢。

真實的人生裡，十八歲的丁宇選擇的是「壞男孩」，暫且稱他為N。N是一個很浪漫的男孩，但浪漫的男孩往往是讓人猜不透的。和浪漫的N在一起時，她總有一種感覺，這個男孩心裡好像還住著別的女孩，他只是暫時喜歡丁宇一下，待到能離開這座小城市，他就會離開她，去找另外那個女孩。

沒有足夠安全感的戀愛，結局可想而知。但是對和N的這段關係，她是不遺憾的。

丁宇遺憾的是，七年後一個偶然的機會，她再次遇到曾經喜歡過她的那個聰明男孩，看到對方現在事業有成、成熟穩重，過得很好，她突然覺得好惋惜。

她也知道自己不該有這種惋惜感，這份惋惜感只會傷害自己，但見面結束回到家，她就是忍不住去想，也不止一次在內心反問自己：如果十八歲時愛的是那個優秀男孩，有一個優秀的愛人，在他的庇護下，自己的人生會不會過得更好一點？

答案誰都不知道，誰都沒辦法確定如果曾經愛上的是另一個人，是跟另一個人談戀愛，此刻會不會有一個不一樣，或者更輕鬆一點的人生。

丁宇好奇這個答案，所以想重回十八歲，要為自己的人生試卷上那道愛情題重做一次選擇。喝完酒杯裡的紅色液體，重回到十八歲的她這一次選擇了優秀男孩。

丁宇的第二次十八歲，她和優秀男孩談戀愛，優秀男孩教她課業，教她寫作業，幫她進步，這次丁宇考大學時比上次考得好一些。她和優秀男孩在同一座城市上大學，剛開始時還是很開心的。中秋節到了，她坐了好久公車去優秀男孩的學校送月餅給他。

他們一起吃了午飯。吃完飯，優秀男孩帶丁宇逛自己的學校。那天她很開心，她和優秀男孩一起過了個只屬於他們的中秋節。

丁宇的學校和優秀男孩的學校在城市的兩端，雖然在同個城市戀愛，但見一面也很辛苦。城市那麼大，大到他們每次見面都要坐兩三個小時的公車，那時也還沒地鐵，還要轉好幾趟公車。

兩個人相隔的距離，潛移默化地影響著戀愛的幸福度。

每次聊天，他們聊得最多的是高中那些事，畢竟彼此的大學生活，對方都沒真正參與，也沒什麼共同話題。但再好的話題，聊多了也會變得乏味。慢慢地，他們每天的聊天只剩重複性地問著「醒了嗎」、「吃了嗎」、「睡了嗎」。

再後來，兩個無話不說的人變成無話可說的兩個人。他們由最初的一週見一面，慢慢兩週見一面，再到一個月見一面，再到必須見面時才見面。

丁宇最後還是和優秀男孩分手了。分手那刻，在年輕丁宇身體裡的三十歲的丁宇突然感慨，還是成年人現實點的感情好。未來很不確定的兩個單純的年輕人，縱使有著再熱烈的感情，有再多的事情想跟對方分享，日復一日朝著不知道終點在哪兒的方向奔去，走著走著也真的很容易迷茫。

但成年人現實的感情就不一樣了，至少彼此是朝著買房買車去的，有著共同的目標，走下去多少容易一點。

丁宇親眼看著自己跟優秀男孩分手，才終於願意相信：不管怎麼選，優秀男孩後來的「優秀」都跟她沒多大關係。

一段感情，並不是兩個人選擇了在一起就會有好結果。還有，過去沒做的事縱使真有機會去做一次，也未必會成。

任何事都會有兩個結果：好結果和壞結果。很公平的一點是，兩個結果出現的機率是一樣的，都是百分之五十。

丁宇和優秀男孩戀愛破碎的那刻，紅色液體也失效了。清醒後的她再次回到酒桌前，除了面前的三杯酒裡有一杯空了，一切如初，她還是三十歲的丁宇。

但她跟之前三十歲的丁宇又有些不同。例如，這次她更熟練地端起桌上那杯綠色的酒一飲而盡，這次她沒有品味，很乾脆，很快速。人生就是這樣，膽怯大多在第一次時發生，一回生，二回熟，三回就習以為常。

這一次，丁宇回到了她的二十二歲，大學畢業那年。二十二歲的丁宇，有一個交往了三年的男朋友K。那三年裡，他們的相處一直很愉快，一起吃飯，一起旅遊，一起看電影。

那時的快樂還蠻容易的：路邊五十塊錢四串的烤肉，兩人吃得津津有味。兩人一起去玩海盜船，那裡的工作人員開玩笑地對女孩們說：「考驗真心的時候到了，等一下海盜船動起來，要是你們的男朋友把你們的手放開了，下去後你們要好好考慮一下你們的愛情哦。」丁宇記得很清楚，海盜船大幅度的晃盪起來，K把她的手抓得很緊，真的很緊。有段時間丁宇迷上了打遊戲，她遊戲玩得很爛，於是K陪她玩遊戲，在遊戲裡保護她。

但最後他們還是分開了，是她堅持分手的。

沒有第三者，沒有新歡，她在跟K分開後，很久沒有再談戀愛。

過了很久，丁宇再跟朋友談起這段戀愛，她說當時想分手，只是單純地厭倦了談戀愛的感覺。跟K相處久了，她覺得有點窒息。K拚命地把她留在身邊，丁宇跟朋友聚會他要參加，丁宇跟姐妹出去旅遊，K也要跟著去，感覺K的世界裡只有她。而且很重要的一點是，她想趁年輕奮鬥一下，想要賺一個更好的未來給自己，但K是一個沒什麼野心的人，安於現狀。

說得好聽點，他這叫作「除了愛，可以什麼都不要」，但不好聽的說法叫作「不上進」。

丁宇有時也覺得自己很沒骨氣。分手是自己堅持的，K當時拚命求她留下，她還是堅持要離開。

倔強果斷的丁宇本不該懷念的，可這幾年，眼看著自己走得越來越遠，爬得也越來越高，偶爾晚上下班，一個人回到空蕩蕩的房子裡，也真的覺得好孤獨。有那麼一兩個時刻她也曾想過，如果當初自己不活得那麼強硬，留在K的身邊當個小女人，可能他們已經結婚有小孩了，普通男女的生活好像也很好。

這是她想回到那段歲月的一個原因。

一切如期，再睜開眼時，丁宇回到了二十二歲，K還在身邊，愛情也還在。第二次二十二歲的人生裡，她沒和K分手，畢業後他們留在同一個城市，找了工作，搬到一起住。原以為有愛人相伴，會少點難題，可生活在這件事上一點也不偏心，它不放過任何一個單身人士，也不放過任何一對戀人。初入社會的丁宇依舊要學會從學生身分轉換到職場人士的身分，她還是會被老闆罵到在樓梯間哭，還是會在下暴雨的某個下班時刻，因為沒帶傘還招不到車，急得在路邊哭。

沒有K在身邊的那場人生裡她遇到的麻煩，在重來的這場人生中也沒能免去。

同樣身為社會新鮮人的K，初入職場也很艱辛，他的狀態也很低迷。

所以，每天丁宇除了要處理好自己的情緒，還要安撫K的情緒，下班回到家，除了照顧好自己的起居生活，還要照顧好K的生活。

有時候真的會覺得，人生狀態都顯示「此刻很慘」的兩個人，是不適合在一起談戀愛的。因為單身時我們不順會怪單身沒人陪，戀愛時不順就只能怪戀人不好了。

在這樣的狀態下相愛，兩人之間不會有太多惺惺相惜，在這段感情裡彼此感受更多的是「我好委屈啊」，會懷疑會多想「如果當初沒有跟這個人在一起，我會不會過得好一點」。

感情終究不是一場雪中送炭，愛情裡的我們都希望被拯救，沒人會願意一直消耗自己去拯救別人。

這也是丁宇在愛情裡很自私的地方。

她在愛情裡是一個很自私的女生，這種自私不是面前有兩個蘋果，她選擇那個大的，而把那個小的給對方，她才不稀罕蘋果大小，甚至她可以一個蘋果都不要。

她的自私是，她很在意自己在一段感情裡的精力消耗，她想要能互相滋養的關係，她可以不向對方索取什麼，但對方也不能過度地向她索取，她不會愛一個一直想從她身上借能量的人。

像丁宇這種好勝心強，為了做好一件事能對自己下狠手的女生，是不會甘心跟她眼中沒多大野心的男人在一起的。無論是二十二歲的丁宇，還是被社會磨礪過的極度渴望戀愛的三十歲的丁宇，在這個問題上，她的立場都不會改變。

所以，在丁宇的第二場二十二歲人生裡，儘管她很努力地維持著和K的關係，也試圖為這段愛情贏得一個圓滿的結局，但最後他們還是分手了。她的所有努力也只是為這段感情延長了一點壽命，終究改變不了結局。

人性很難改變，跟人相關的愛情的結局也很難改變。

有了前一次的經驗，在二十二歲依舊沒談好戀愛的丁宇，這次醒得很快。她也儘快節省時間，喝完最後那杯橙色的酒，進入下一段故事。

最後一次機會，丁宇回到了三年前，也就是她的二十七歲。這一年，她的生活過得很普通，沒有什麼特別的事情，如每一個社畜，她的時間被工作被KPI填滿，沒有戀愛，也沒什麼鮮豔的桃花。

這一年，也算她人生的一個轉折年。丁宇的父母是很傳統的父母，在他們眼裡，除了公務員、老師、醫生和一些國營企業的工作，其餘工作都不算正經工作。

所以看到她在外面那麼多年，只獲得了個大齡剩女的身分，父母想叫她回家。

丁爸丁媽的原話是：「你年紀這麼大了，也沒個穩定工作，也不談戀愛，也不結婚，在外面過得再光鮮又怎樣？回家吧，在我們的身邊也很好，找份穩定的工作，找個合適的人結婚吧。」

二十七歲的丁宇很不願意聽到父母說這樣的話，所以當時她直接掛了父母的電話。那時她覺得自己做得是對的，但這幾年心態變了，她開始懷疑當時是不是應該認真思考一下爸媽的提議。

最近丁宇腦中不斷浮現幾年前看的一部電影《剩者為王》。看那部電影時，她才二十五歲，看到片中舒淇飾演的盛如曦為單身為年齡焦慮，丁宇還不太理解。甚至丁宇在看這部電影時，內心是羨慕女主角的狀態的，當時的她想活成盛如曦那樣的女性，長得好，工作能力好，賺得不少，如果能這樣，哪怕單身也沒關係。

這是二十五歲的丁宇的可愛想法。

也才五年，說長不長，說短也不短，在這長長短短的五年時間裡，丁宇已經轉變了對婚姻的看法。為了確認自己對婚姻的心態真的轉變了，她還特意把《剩者為王》

這部電影再找出來看了一遍，果然這次看完電影的她焦慮得只想在自己的三十歲這年盡快脫單。

所以，她才想回到三年前。如果按照父母的想法，找個人，結個婚，成個家，擁有普通人的平淡和普通人的幸福，是不是也蠻好的？

橙色液體很快在丁宇身上發揮了作用，她回到了三年前。這一次，三年前的她選擇了跟現在完全不一樣的人生，她回到了老家，找了份薪水不高的工作，不停地相親。相親次數多了，丁宇覺得自己就像菜市場賣的那塊肉，反覆被挑揀，有人嫌這塊肉太肥了，有人卻嫌這塊肉太瘦了，但明明前後都是同一塊肉。

除了被挑揀，還要不斷地被貼上標籤，還要標價，還要被殺價，偶爾還會被人說：「你這塊肉都不新鮮了，都是剩肉了。」這一切都很傷人。

但最後丁宇總算找到了配得上「合適」二字的結婚對象。結婚這件事也很玄，只要你真的很想結婚，只要你真的很努力地找結婚對象，到最後你肯定能找到適合你的。相親市場上，那些長久單身的往往是有著想脫單的想法，但又沒那麼急著脫單的人。

心急雖吃不了熱豆腐，但心急的人往往能快速結婚。

在第二次人生裡，丁宇過著和大多數人一樣的生活：結婚、生子，雖然夫妻倆偶爾會為一些生活瑣碎拌幾句嘴，但鬧完還能再和好，忍耐一下，日子還是能過的。

唯一不好的一點是，丁宇賺得少了，再也不能像以前那樣買自己想要的東西了。雖然任何名牌都有款式相似的平價替代品，但總覺得平價那款除了價格便宜點，什麼都不如最想要的那款，人生也是，平價版再好，但偶爾也還是想過高配版的人生。

這次的人生，什麼都還可以，但「還可以」終究不等同於滿意。

如果可以的話，丁宇還是想回到自己原來的人生。當她腦中出現這個念頭，像是產生了什麼化學反應，橙色液體慢慢失效，她再次回到酒桌前。

身邊幫丁宇慶生的朋友推著她，笑著說：「丁宇，你最近酒量太差了吧，才幾杯下肚，就趴在那休息了。」

丁宇仔細看了好幾遍酒桌，並沒看到那三杯空掉的酒杯。她問朋友有看到過三杯有著「紅綠橙」顏色的酒嗎？朋友都笑她喝醉了吧，從頭到尾大家喝的酒顏色都是白的，哪來的紅綠橙顏色的酒。

於是，她跟朋友們講了自己這場奇遇。就像陶淵明筆下那個誤入桃花源的漁人，也像愛麗絲在一場午睡中發現了兔子洞，誤入了仙境，三十歲生日當天，丁宇也來了一場奇遇之旅。

朋友們覺得很奇妙，竟然有人真的做這種穿越劇情的夢。

丁宇解釋道，她最近看了一部韓劇，幾個對過去有遺憾的人湊在一起回到過去，想避開過去的風險，彌補過去的遺憾。他們都以為只要回到過去，在那個決定自己人生的關鍵時刻多做一點事，或者少做一點事，就可以改變自己的命運。但後來的結果是，重回過去的他們，依舊沒躲避曾經的那些悲慘，甚至有了更慘的人生。

她最後總結道，大概日有所看，於是酒後有所夢吧。

丁宇的這群朋友跟她年紀差不多，際遇也差不多，都是來大城市工作打拚的單身女性。大家在聽完丁宇這場夢後，都很感慨。朋友們紛紛發表著感言，有人說，我們錯過的那個人生，我們沒選擇的那個人生，未必會比現在更好；有人說，我們內心遺憾沒愛到的那個人，就算真的有機會繼續愛下去，也許也只是個悲傷的愛情故事；還有人說，不能活在過去，要向前看。

恰逢其時，蛋糕來了，朋友們起哄叫丁宇許願。對著蛋糕，她許下自己三十歲的生日願望：三十歲，學會自欺欺人。

大家都不知道的是，丁宇並沒見過那個對她邪魅一笑的男人，更沒看到過紅綠橙三杯酒，她沒喝醉，也沒做夢，那場奇遇之旅，是她自導自演的一場戲。

她不知道如果跟N談戀愛、跟K在一起、跟相親男結婚，人生是不是真的就一定比現在差很多。那條沒選擇的路，背後藏著的是豐碩的大果實，還是只有被兔子啃得只剩根的爛胡蘿蔔，這些她都不知道。

對過去，丁宇的的確確有過遺憾，也真的希望有機會改變，想好好再談場戀愛，想體面地愛一個人，想結婚，想要有個幸福的家庭。可沒有這樣的機會。

這是她送給自己的三十歲生日禮物，也是她想送給單身朋友們的禮物。

成年人不會允許自己永遠活在遺憾之中，所以她選擇乾脆地把自己對過去的最後那點想像都破滅掉，假裝那條自己沒選擇的路上藏著兇猛的野獸，藏著炸彈，藏著殘酷，藏著種種不適應。

人生本來就是一場自己蠱惑自己的遊戲，
只有一次次堅定地告訴自己，
我們走的這條路是最對的，我們才更加有信心走下去。
只要有了對未來的信心，
哪怕現實再難，我們都是可以走下去的。
人生需要相信。

讓我看到你偶爾很脆弱的樣子

年少的時候，我曾不知輕重，用盡全力地愛過一個人。我很喜歡他，喜歡到在很多文章裡或直接或間接地提到過他。

那時年少，不知道怎樣做才能讓另一個人覺得自己很好，總以為只要我變得更厲害一點，他就會覺得我很好。所以，我很努力地做好每件事，想讓他知道我是一個很厲害的人，是一個很值得的人。

一路走來，我也還算爭氣。

可就算今天的我總比昨天的我好那麼一點，我們之間的關係還是一直平淡，沒半點進展。在很長的一段時間內都是如此。

總有那麼一個瞬間，
我們會遇到幾個就算自己努力變得
「更厲害」和「更強」也沒辦法解決的問題。
或許我們已經夠好了，但依舊不被喜歡。
因為這就是愛情，不講邏輯，
有時亂拳能打死老師傅，
有時無心插柳卻種成了樹，
有時那句感情強烈的「我偏要勉強」，
也只能換來一句「我知道你很好，但……」。

更令我感到挫敗的是，我很辛苦地走了大半路程，突然發現在這條「只要我變厲害了，他就會愛上我」的路上，不管我變得多厲害，不管我多努力，只要衡量標準是「厲害才值得被他愛」，那麼在我前面永遠有比我更值得他愛的人。這真是讓人蠻無力的。

從小被灌輸「成績好、有能力的人，才值得被喜歡」，長大後的我真的不知道，如果有一天，我遇到了努力也沒辦法解決的事，我該怎麼辦。這個問題的答案，老師沒告訴我們，課本沒告訴我們，父母也沒告訴我們。

總有那麼一個瞬間，我們會遇

到幾個就算自己努力變得「更厲害」和「更強」也沒辦法解決的問題。或許我們已經夠好了，但依舊不被喜歡。

因為這就是愛情，不講邏輯，有時亂拳能打死老師傅，有時無心插柳卻種成了樹，有時那句感情強烈的「我偏要勉強」，也只能換來一句「我知道你很好，但……」。

其實，這個故事到這裡並沒有完結。

我們最後也並沒以「我想靠近你但是靠近不了，只能當個最熟悉的陌生人」這種很令人遺憾但又確實每天都在上演的大多數男女間的故事收尾。

後來，我們都經歷了一段生活很差勁的日子。

我們恰好還是彼此這段經歷的完整見證者。

他遇到難關的時候，我們吵架，鬧翻了。我忍了很久，還是沒忍住，凌晨兩點爬起來打開電腦，寫了一封快三千字的信安慰他。畢竟當時還在冷戰狀態，沒辦法直接去安慰，因此在給他的那封信裡，我還故意寫了一句：「我不是關心你，只是今天晚上喝了點酒，有點不清醒，想跟你說些話。」

後來，我也遇到一件很困難的事，也多虧他在關鍵時刻給了我一個浮出水面喘口氣的機會，才讓我有勇氣繼續走下去。

在這兩件事之後，我能明顯地感覺到，我們之間的關係有了微妙且良好的轉變。

後來，我問過他，為什麼我們的關係一下子變得這麼好。

他給我的回答是，大概因為我們一起經歷過很多事。

但我覺得這個答案不夠確切，真正的原因應該是：我們都見過對方脆弱的時候。我們都間接或直接地向對方示弱過，向對方發出過「我真的不行了，你能幫幫我嗎」的訊號。

因為見過對方真正的樣子，
不是在對方把驕傲的頭仰得高高的時刻，
而是在對方低下頭用很低沉的聲音說「我不知道怎麼辦」的時候，
所以更能明白對方。

原來看起來很強大的他，也有怕的時候；原來我眼中高冷的他，其實是一個很溫暖的人；原來很久很久之前，我們都誤會對方了；原來我們不像別人眼中看到的那樣無堅不摧、無所不能……

不，不是的。

我們的內心都住著一個小孩，一個遇到問題會不知所措、會怕的小男孩，和一個在很多時候需要那句「別怕，你可以的」才能走下去的小女孩。

小男孩和小女孩在一起，會產生更純粹、更美好的東西。

或是愛，或是發自內心的關心，或是單純的願望：我想陪著你、我想對你好。

不管友情還是愛情，兩個人真正變親密，是從願意帶對方去自己心裡走一遭開始的。讓對方看到，原來我也跟你一樣，我的內心也住著一個魯莽的小孩，也會犯錯，會迷路，會難過，會委屈。所以，你不要怕，也不要因為委屈難過而覺得自己不夠堅強。沒事的，我也經常這樣。

我慶幸有機會見證了他那次的難過。這讓我吸收到了很多力量，在以後的漫長時光裡，每次覺得走不下去了，拿出來看一眼，就又有力氣繼續前行。這也讓我擁有了一份很美好的關係。

所以，為什麼要讓喜歡的人看到自己偶爾很脆弱的時刻？
因為這是一個很奇怪的時代。

大家都想表現得跟別人不一樣，
想做最好的、最特別的、最堅強的、最努力的、最優秀的，
但我願意褪下所有的保護色，讓你看到我沒那麼特別，
我跟你一樣，都只是努力想把人生過好，
但努力了很久，依舊一遍遍搞砸人生的普通人。

我願意讓你看到我的軟肋，看到真實的我，讓你知道，這個世界有時候很冷漠，人生有時也很難，但是別怕，我跟你一樣，你不是一個人。你看，我那顆看似堅強的心，裡面也寫滿了緊張和害怕。沒關係，我們一起緊張，一起走下去。

有時強硬沒辦法解決的問題，溫柔卻可以做到。

人類特別會示弱。這與生俱來，越小的時候越擅長，只是後來我們長大了，懂事了，反倒不敢再在別人面前表現我們本真的一面了。

為什麼不敢示弱？

因為我們不確定，那個有缺點，有時沒那麼可愛、沒那麼幽默，有時還有點自私冷漠的自己，那個難過時沒那麼堅強，會崩潰大哭，會抱怨生活好難，沒別人想像中樂觀的自己，那個遇事沒辦法做到百分之百地沉穩，第一反應不是想解決方案，而是想原地坐下大哭，想甩手跟生活說「我不想玩這局遊戲，我玩不下去了」的沒那麼堅強的自己，是否值得被愛。

會不會別人在看到我們真實的一面後，就像讀書時老師看到我們那張很差勁的成績單時一樣大失所望，甚至還會覺得，怎麼有這麼不聰明的人啊，這麼簡單的東西都不會。

在「示弱」這門課裡，我們需要學習的不是「怎麼去做」，
而是相信在那個對的人面前，

我們的每次真誠袒露都不會遭到懷疑和否定。

有時兩個人、兩顆心能夠走近，只是因為我願意讓你看到我的不完美。

那麼如何示弱？

「抱歉，這件事我沒考慮到你的感受，你能原諒我嗎？」

「我不該跟你發脾氣，我知道自己剛剛情緒不對。」

「我不想跟你吵架了，我也很難過，我們能好好溝通一下嗎？」

或者說：「我們能和好嗎？以後都不要這樣了，我不想我們變成這個樣子。」

對呀，我們就是這樣，偶爾會很任性，很衝動，會做一些很無理取鬧的事，但是我們知道自己錯了，我們願意為了這段關係去學習如何變成更好的大人。

就把這些如實告訴他好了。

看似先說出那句「請你留下」的人是先低頭的一方，顯得不酷，但很多時候，我們身為那麼酷的一個人，願意做不酷的事，只是因為我們在乎對方啊。

別怕讓他知道你很在乎他，就算我們真的是更在意這段感情的一方，那又怎樣？對呀，我就是很在意啊。我不怕讓你知道「我很喜歡你」，因為這是事實。

我也不怕你知道了我愛你愛得更多，就會覺得吃定了我，可以隨便對我。因為像我們這樣的人，都是極其尊重自己的感受的，真的喜歡上了，會很勇敢地讓對方知道，但若在對方那裡感受到「付出不值」，也會尊重自己的感受，選擇離開。

別怕在愛情裡做看起來更在乎的一方，尊重你的感受。畢竟幫你留下愛情的，從來不是你的驕傲，也不是你的傲嬌。就算我很驕傲，為了你我也願意把它收一收。我更希望我們一起好，而不是只有我好。

有人在愛情裡示弱了，而結果不似預期，妥協了依舊不被理解，便會生出怨氣，好像自己吃了很大的虧。

這樣的想法是恐怖的。

感情不都是一個願打，一個願挨嗎？別把我們的愛情包裝得多麼美好，也別把自己包裝得多麼大度體貼，沒人需要你讓，你大可不去讓誰。大多時候我們選擇做一件事，本心都是利己的，說到底，也只是自己怕失去。

所以，坦然點面對自己的內心，就算為了所謂的驕傲、面子，你在對方面前打腫臉充胖子說了「我知道你脾氣不好，所以我不跟你計較」，也請誠實地告訴自己「我是發自內心想做這件事」。

我更贊成在愛情裡擁有一種「我喜歡你，我對你好，只是因為我此刻想這樣做」的態度。因為不想我們的關係變得太糟糕，所以我想做出點改變，想跟你說抱歉。我這麼做是自願的，而不是因為我知道你聽到這句話就會很開心。

在做愛情這道題目時，我們並不想贏了誰。

我低頭，我主動解釋，只是因為我覺得你這個人對我來說很重要，我想好好珍惜你，不想衝動且輕易地錯過了你，也真的不希望我們之間留下任何誤會。

喜歡一個人，那就心甘情願地去喜歡。沒人逼你，你也別自憐。

後記

交出這本書稿的一週後，是我的二十七歲生日。

想像中二十七歲的自己應強大得早已不會再隨便為什麼事而難過，她夠溫柔、夠堅強，她活得很耀眼，她過著自己喜歡的生活，自得其樂。

但現實世界裡二十七歲的我，總覺得差了一點什麼。

完成這篇後記的前一晚，我還因一些不得不面對的變動而哭泣。躺在床上，一邊委屈到眼淚止不住流，一邊又怕自己哭得太大聲，被生活聽到了得到更嚴重的懲罰。

即便依舊會脆弱，相比二十歲時也有了些進步。二十七歲的女人，哭完也能認真睡去，睡足醒後，睜開眼看到窗外和煦宜人的春日陽光，神奇地被療癒，總覺得一切還有希望，生活還有機會改寫。

我傳了一則訊息給朋友：「深夜覺得日子過不下去了，一覺睡醒，又覺得生活充滿生機。果然成年人的憂鬱情緒只發生在深夜，夜裡再崩潰，天一亮，又是堅強女超人。」朋友說：「你要好好感謝你身體裡的細胞，在你睡著時，它們肯定在很努力地治癒你。」

我回一句：「感謝我身體裡每一個平凡但不普通的小細胞，感謝崩潰後還能站起來往前走的自己。」

在過去的二十六年，我很普通。

日子沒活成想像中那般耀眼；沒有想像中那般堅強，偶爾也會脆弱，也會崩潰大哭；沒有做到絕對自律，偶爾也會體重失控，依舊需要不斷跟體重做鬥爭；沒有實現最終的情緒自由，偶爾也會對未來、對人生、對感情很沒有安全感；沒活成那種很有能力、總能周全自己的模樣，也會因為一些工作沒做好而被罵，也會遇到自己沒辦法解決的事情；也沒活成我想要的理想模樣，偶爾覺得生活很好，但偶爾也覺得生活一地雞毛，離美好生活相距很遠。

但有時也覺得自己還是蠻了不起的。

向上的路上坎坷不斷，但在每個不那麼耀眼的平凡日子裡都認真生活；即便偶爾脆弱，在那些心碎、痛哭的日子裡，依舊沒放棄對成為「內心強大的人」的追求，依舊以此為目標鼓勵自己再堅強一點；即便偶爾體重失控，每次失控後也都能恢復；偶爾會患得患失，會為不確定性焦慮，但朝未來前進時又比別人走得更堅定；偶爾會搞砸一些事，也會因為被批評而難受，但從沒氣餒過，不管過程多坎坷，憑藉那股不認輸的好強，最後也能把人生過好。

在我的後少女時代，我不再迷戀極致的好，也不再追逐極致的完美。

我承認自己普通，終究沒辦法成為那種殺伐果斷、遇事不眨眼的乾脆之人；我沒辦法做到永遠自律，時不時也會讓體重失控；我沒辦法做到真的永遠堅定，也會有缺乏安全感的焦慮時刻；以及不管如何努力，我好像都沒辦法成為那種做什麼都上手快、能力強的聰明人。

二十六歲的小文，開始接受自己的普通與不完美，不再自卑，也不再用未來的那個自己會更好更完美來自我安慰。

我覺得那個偶爾有點脆弱、偶爾不那麼自律、偶爾不那麼堅強、偶爾會搞砸一些事、偶爾也會為一些事患得患失，但從未放棄，總是一步步朝著未來堅定邁進的那個笨拙但始終認真生活的自己，也很了不起。

每一個普通但努力生活的年輕女孩，都很了不起。

致敬在這個偶爾複雜又糟糕的世界裡，依舊選擇浪漫活著的你。

優生活236

雖然生活不好過，但我過得很好

作　者——文長長
副主編——朱晏瑭
封面設計——Ivy_design
內文設計——林曉涵
校　對——朱晏瑭
行銷企劃——謝儀方

總編輯——梁芳春
董事長——趙政岷
出版者——時報文化出版企業股份有限公司
一〇八〇一九臺北市和平西路三段二四〇號七樓
發行專線——（〇二）二三〇六六八四二
讀者服務專線——〇八〇〇二三一七〇五
（〇二）二三〇四七一〇三
讀者服務傳真——（〇二）二三〇四六八五八
郵撥——一九三四四七二四　時報文化出版公司
信箱——一〇八九九臺北華江橋郵局第九九信箱

時報悅讀網——www.readingtimes.com.tw
電子郵件信箱——yoho@readingtimes.com.tw
法律顧問——理律法律事務所　陳長文律師、李念祖律師
印刷——勁達印刷有限公司
初版一刷——二〇二三年十一月三日
定價——新臺幣三五〇元
（缺頁或破損的書，請寄回更換）

本作品中文繁體通過成都天鳶文化傳播有限公司代理，經瀋陽悅風文化傳播公司授予時報文化企業出版股份有限公司獨家出版發行，非經書面同意，不得以任何形式，任意重製轉載。

時報文化出版公司成立於 1975 年，並於 1999 年股票上櫃公開發行，
於 2008 年脫離中時集團非屬旺中，以「尊重智慧與創意的文化事業」為信念。
ISBN 978-626-374-448-6　Printed in Taiwan

雖然生活不好過,但我過得很好/文長長作. -- 初版. -- 臺北市：時報文化出版企業股份有限公司, 2023.11
面；　公分

ISBN 978-626-374-448-6((平裝)
1.CST: 人生哲學

191.9　112016407